Copyright © 2022 LINGUAS CLASSICS

BESTACTIVITYBOOKS.COM

EERSTE EDITIE - Gepubliceerd in 2022

Extra grafisch materiaal van: www.freepik.com
Dank aan: Alekksall, Starline, Pch.vector, Rawpixel.com, Vectorpocket, Dgim-studio, Upklyak, Macrovector, Stockgiu, Pikisuperstar & Freepik.com Designers

Ontdek gratis online spelletjes

Hier verkrijgbaar:

BestActivityBooks.com/FREEGAMES

5 TIPS OM TE BEGINNEN!

1) HOE OP TE LOSSEN

De Puzzels zijn in een Klassiek Formaat:

- Woorden worden verborgen zonder pauzes (geen spaties, streepjes, ...)
- Oriëntatie: Voorwaarts & Achterwaarts, Boven & Beneden of in Diagonaal (kan in beide richtingen)
- Woorden kunnen elkaar overlappen of kruisen

2) ACTIEF LEREN

Naast elk woord is een spatie voorzien om de vertaling te noteren. Om actief te leren vindt u een **WOORDENBOEK** aan het einde van deze editie om uw kennis te controleren en uit te breiden. U kunt elke vertaling opzoeken en opschrijven, de woorden in de puzzel vinden en ze vervolgens aan uw woordenschat toevoegen!

3) TAG JE WOORDEN

Hebt u al geprobeerd een labelsysteem te gebruiken? U zou bijvoorbeeld de woorden die moeilijk te vinden waren kunnen markeren met een kruis, de woorden die u leuk vond met een ster, nieuwe woorden met een driehoek, zeldzame woorden met een ruit enzovoort...

4) ORGANISEER UW LEREN

Wij bieden ook een handig **NOTITIEBOEKJE** aan het eind van deze uitgave. Of u nu op vakantie, op reis of thuis bent, u kunt uw nieuwe kennis gemakkelijk ordenen zonder dat u een tweede notitieboek nodig hebt!

5) AFGESLOTEN?

Ga naar de bonussectie: **FINAAL UITDAGING** om een gratis spel te vinden dat aan het einde van deze editie wordt aangeboden!

Wil je meer leuke en leerzame activiteiten? Het is Snel en Eenvoudig! Een hele collectie spelboeken slechts **één klik verwijderd!**

Vind uw volgende uitdaging bij:

BestActivityBooks.com/MijnVolgendeBoek

Klaar... Start!

Wist u dat er zo'n 7000 verschillende talen in de wereld zijn? Woorden zijn kostbaar.

We houden van talen en hebben hard gewerkt om de boeken van de hoogste kwaliteit voor u te maken. Onze ingrediënten?

Een selectie van onmisbare leerthema's, drie grote plakken plezier, dan voegen we er een lepel moeilijke woorden en een snuifje zeldzame woorden aan toe. We serveren ze met zorg en een maximum aan verrukking, zodat je de beste woordspelletjes kunt oplossen en veel plezier beleeft aan het leren!

Uw feedback is essentieel. U kunt een actieve bijdrage leveren aan het succes van dit boek door een recensie achter te laten. Vertel ons wat u het meest beviel in deze editie!

Hier is een korte link die u naar uw bestelpagina brengt:

BestBooksActivity.com/Recensies50

Bedankt voor uw hulp en veel plezier met het spel!

Linguas Classics

セ	ン	チ	メ	ー	ト	ル	動	読	動	活	ゼ	キ	ン	画	パ
写	真	グ	イ	タ	読	ム	イ	リ	レ	影	活	ロ	ゼ	シ	イ
質	法	ジ	ム	ー	ュ	リ	ボ	ン	法	写	グ	メ	興	ダ	ン
量	び	編	ラ	メ	影	興	レ	画	猟	グ	興	ー	深	さ	ト
エ	ル	ン	興	撮	レ	ハ	撮	り	園	ラ	プ	ト	味	重	高
魔	園	法	ク	び	ダ	イ	小	数	び	ム	ラ	ゲ	真	影	魔
猟	書	ダ	り	絵	イ	喜	撮	興	ン	ラ	レ	陶	書	影	読
動	画	読	イ	読	ム	写	工	芸	ゲ	グ	幅	喜	絵	ム	グ
絵	ン	芸	猟	活	パ	園	ン	ン	ロ	イ	ス	読	レ	園
動	編	喜	編	ャ	動	ー	ハ	プ	編	キ	読	ン	ズ	釣	影
真	キ	ゼ	ル	撮	狩	味	び	長	さ	活	写	オ	チ	ク	猟
影	ャ	法	レ	喜	み	分	り	ゼ	画	法	ム	び	真	法	動
ズ	み	レ	ク	ゲ	品	グ	プ	ゲ	プ	ダ	陶	芸	読	ダ	編
ャ	み	魔	ト	釣	釣	影	編	真	ム	み	釣	ャ	写	バ
エ	芸	プ	ン	イ	法	グ	イ	撮	絵	グ	味	ク	ゲ	興	イ
リ	ッ	ト	ル	レ	ハ	芸	プ	猟	陶	釣	グ	プ	ム	影	ト

バイト	キロメートル
センチメートル	長さ
小数	リットル
深さ	質量
重さ	メーター
グラム	オンス
高さ	パイント
インチ	トン
キログラム	ボリューム

物エンゲーりゼ科動ダク法ジ読法キ
活物喜び書猟園学園りびプ世代律ク
書ゼ読ジ真猟み者物ラみハ絵写品び
ャハ品物写真ゲ国際イシ品パ活興喜
品読釣温度品ム業界発ハ活環陶ジシ
品ャープ興工陶プ真達絵り境クプグ
ハグジ物法イ書狩ャ影影法プ猟ーび
喜ラ喜ラ法ハ品ラ注スキ写りび味
ダ影動びプ喜狩興ガス意品ー撮活物
ムパキ画喜北書エ人読気候品今芸
読影ルハ魔レ極ネ間政府陶グ魔釣
物ルャ絵活ール結果興ジジ魔動シパ
ズ陶動未園リ園ギリ芸動ジ芸動ハ
パ書パ芸来ジ撮ーりびラク危機活み
書みルレ物グ芸キみ味みゼグ撮一陶
編釣リ法ゼ魔編データタレ影猟動ル編

注意
北極
危機
エネルギー
ガス
データ
世代
結果
業界
国際

気候
人間
環境
発達
政府
温度
未来
科学者
法律

3 - Boten

```
興 狩 真 ズ 味 マ イ び 芸 ダ 真 撮 び 動 ハ 活
ム 影 ダ レ 法 ス 絵 写 魔 画 編 動 ズ 物 ゼ ジ
品 ハ 喜 ゲ 川 り エ 書 真 ゼ ン レ 写 ロ ー リ
ム 喜 書 興 ゼ 画 品 ン ゼ 絵 ラ イ み び ー 喜
湖 び 動 ー 興 レ シ ジ エ 魔 み ー 活 写 プ ン
波 プ 魔 影 い プ ゼ ン リ 撮 ー パ 影 キ 動 芸
園 ゼ リ グ か ド ク グ 編 味 プ 画 魔 活 興
影 撮 グ レ だ ッ 猟 セ り レ ャ 園 読 パ 狩 魔
ヨ キ 猟 ク 釣 ク 釣 狩 ー イ ェ 写 釣 園 影
エ ッ カ ヌ ー ジ 活 リ ル ラ ン 味 海 ク 猟 ゼ
ジ レ ト 品 ジ 真 レ り ク 魔 ー 動 洋 狩 編 魔
ル カ ィ テ ー ノ 猟 動 陶 イ 園 エ ジ 魔 レ キ
ゼ ヤ 品 画 プ ゼ ャ 狩 び ゲ 猟 エ フ ェ リ ー
ャ ッ 潮 ル ハ ャ 画 写 パ ア ン カ ー 物 物 絵
ズ ク ズ 芸 真 物 ル 編 写 ゲ 園 パ ハ み ブ レ
活 書 魔 ジ シ 品 シ プ ャ 猟 園 エ 真 ー イ 写
```

アンカー　　　　　　　セーラー
クルー　　　　　　　　エンジン
ブイ　　　　　　　　　ノーティカル
ドック　　　　　　　　海洋
ヨット　　　　　　　　ロープ
カヤック　　　　　　　フェリー
カヌー　　　　　　　　いかだ
マスト

4 - Chocolade

シ	レ	絵	ゼ	画	釣	撮	狩	お	法	レ	イ	ル	ズ	魔	狩
ズ	り	真	写	喜	園	職	書	気	び	ハ	イ	編	イ	撮	動
レ	シ	ピ	シ	砂	ダ	ジ	人	に	物	ピ	ー	ナ	ッ	香	ク
釣	ダ	酸	み	糖	シャ	シム	活	入	写	エ	法	読	プ	り	ル
グ	写	化	甘	園	シ	ム	味	り	喜	興	編	ズ	ゲ	ム	メ
影	グ	防	い	レ	エ	ル	活	イ	イ	パ	ゲ	ル	ム	パ	ラ
成	分	止	シ	ゲャ	絵	画	ン	品	釣	リ	り	芸	パ	カ	カ
動	味	剤	絵	真	狩	陶	ラ	狩	釣	絵	読	芸	イ	オ	カ
画	影	渇	シ	編	釣	ラ	動	活	狩	陶	喜	イ	カ	パ	オ
絵	キ	望	ズ	ラ	イ	ー	美	エ	キ	ゾ	チ	ッ	ク	ロ	パ
編	影	画	リ	写	グ	品	質	味	撮	ハ	喜	動	イ	リ	影
コ	コ	ナ	ッ	ツ	み	ハ	イ	キ	し	イ	活	品	ゼ	リ	活
興	魔	り	ゲ	ー	魔	興	書	ジ	ー	い	シ	物	ゲ	ー	エ
活	み	レ	レ	画	ャ	法	ダ	活	動	苦	ム	グ	活	シ	活
狩	リ	シ	ー	パ	動	陶	ハ	魔	園	魔	粉	釣	味	品	写
エ	ダ	ダ	シ	味	イ	編	パ	狩	編	リ	ム	釣	ジ	釣	ラ

酸化防止剤	成分
香り	カラメル
職人	ココナッツ
苦い	品質
カカオ	ピーナッツ
カロリー	レシピ
エキゾチック	砂糖
お気に入り	渇望
美味しい	甘い

5 - Gezondheid en Welzijn #2

び	画	ズ	読	ビ	芸	味	ゼ	味	絵	回	シ	エ	活	読	パ
写	ャ	写	ゼ	タ	ア	レ	ル	ギ	ー	復	キ	ネ	パ	シ	パ
イ	画	真	芸	ミ	体	み	猟	陶	ズ	ク	写	ル	陶	ン	ー
プ	リ	園	ジ	ン	レ	ダ	ル	猟	衛	ー	リ	ギ	リ	ダ	影
書	写	ダ	ャ	り	ー	栄	編	喜	生	園	活	ー	陶	真	魔
動	ル	法	写	み	読	び	養	血	味	陶	ー	園	興	ジ	び
ム	園	ン	撮	び	元	ラ	影	物	狩	感	染	法	読	ハ	釣
物	み	真	リ	シ	気	ル	ラ	品	活	魔	ハ	イ	動	イ	ー
ゲ	物	ル	ダ	イ	エ	ッ	ト	画	パ	真	芸	イ	釣	グ	編
喜	ズ	興	ダ	ゼ	び	陶	ン	シ	ク	ダ	プ	編	病	ー	カ
イ	ム	物	興	イ	影	み	味	グ	ル	影	品	レ	院	マ	ロ
ャ	イ	陶	ス	ト	レ	ス	狩	遺	病	気	絵	書	ッ	ン	リ
プ	真	レ	パ	び	釣	ラ	エ	ゲ	伝	狩	ー	影	サ	エ	ー
ゲ	ゲ	喜	ズ	び	書	物	シ	ム	ダ	学	み	ダ	ー	消	化
魔	物	活	び	パ	イ	み	品	イ	イ	剖	重	さ	ジ	写	釣
喜	撮	絵	ャ	び	ム	エ	び	編	活	解	活	グ	影	魔	釣

アレルギー	衛生
解剖学	感染
カロリー	マッサージ
ダイエット	消化
エネルギー	ストレス
遺伝学	ビタミン
重さ	栄養
元気	病院
回復	病気

6 - Tijd

```
び ン ル ゃ び ル 昼 ハ イ 月 ー プ カ 書 猟
シ ゼ び 動 影 ル ン イ ダ イ 物 ジ 興 レ ン ゼ
物 ー ジ 興 昨 り レ ダ 品 動 真 ハ 影 ン ダ 絵
猟 ク 絵 ル 日 書 狩 ズ シ 陶 写 プ ゲ ダ ー 喜
画 り 真 レ 写 ジ パ ン 撮 魔 魔 ル 活 イ ゲ 品
ゲ ム プ ン 活 影 分 狩 読 撮 レ 法 イ レ ム 読
園 ク 十 書 魔 後 味 真 ゼ び キ ハ レ パ グ 週
キ グ 夜 年 動 イ キ 猟 パ ー ゼ ダ 法 パ グ イ
ゼ 活 ゃ エ 味 読 ズ グ 法 ク 釣 キ ゲ み ャ 園
写 狩 ハ 品 ズ 興 時 間 物 今 ダ ム ズ 園 物 魔
撮 グ 喜 グ 未 ゲ ゼ び ゼ ダ 日 ャ 猟 ハ び ャ
ゃ 早 通 年 来 活 喜 イ 味 び リ 編 ダ 狩 時 レ
味 い 猟 ズ び 絵 編 り ル 読 写 魔 動 時 世 紀
真 ゲ 撮 ン 興 ム ラ び キ ル 興 ダ レ 計 イ ル
撮 猟 シ キ 朝 ー エ 撮 味 ム 芸 イ イ リ ン 日
リ 真 園 ハ 撮 写 品 キ パ キ ズ 味 グ 編 法 ク
```

十年	時計
世紀	未来
昨日	時間
通年	今日
カレンダー	早い

7 - Meditatie

```
ク パ 物 グ 猟 品 ジ 真 動 メ ド び 法 イ 魔 び
読 物 ム 画 キ プ ハ 活 き 撮 ン キ ゼ ダ 園 ル
パ ー ス ペ ク テ ィ ブ 自 然 イ タ シ 沈 黙 グ
書 み ゲ ル み 品 ャ ダ キ 影 撮 マ 喜 ー 活 ダ
ゼ ク 編 魔 ゲ 狩 び 魔 撮 イ リ 受 姿 ー ム り
物 動 シ ン ム ム リ 真 ル り レ け 勢 グ レ エ
興 ゼ 学 ジ 撮 キ に 動 写 レ 入 喜 び パ 絵 芸
プ ゼ 猟 ぶ た め 平 ル 呼 ク れ 狩 味 エ 感 影
狩 書 撮 グ ン ダ 和 写 吸 み 喜 編 画 謝 明 び
撮 ャ 意 グ ル 真 み 絵 ゲ 喜 芸 物 書 快 キ
考 注 や ゲ ャ 活 リ 喜 り エ ズ ン イ 一 書
リ 思 い や り 音 興 読 親 ム キ 喜 画 味 察
グ ジ 興 写 ク 楽 パ 芸 切 書 陶 ジ 影 観 真 ム
法 ク 陶 撮 ズ 物 園 イ ラ 書 ル 活 真 編 喜 ム
喜 真 レ 芸 写 ャ 猟 み シ 猟 活 ー シ 察
プ プ レ 物 シ ズ 魔 ゲ シ ル 絵 法 品 編 喜 ム
```

注意	学ぶために
受け入れ	思いやり
呼吸	メンタル
動き	音楽
感謝	自然
感情	観察
思考	パースペクティブ
マインド	沈黙
明快	平和
姿勢	親切

8 - Muziek

```
グ ミ グ ス 楽 喜 画 魔 バ 陶 ク 園 狩 イ ク 動
グ 釣 ュ ラ み 器 即 興 ラ ラ 魔 味 レ ゼ ジ 園
イ イ グ ー ィ デ ロ メ 一 法 シ ク 画 ャ ジ ル
陶 読 書 コ ジ ゲ ズ ン ド 絵 ッ ア バ ム ジ 陶
工 歌 手 み ジ カ 狩 真 ム み ク 喜 活 調 和 園
活 魔 画 撮 影 ハ ル ダ 絵 パ 活 陶 写 リ キ ャ
音 ズ 釣 ン 陶 リ イ 狩 イ 画 狩 キ 書 リ 画 真
楽 真 ル ラ 物 ャ 園 リ ハ プ 編 プ 品 釣 絵 り
家 興 ジ み ャ 読 ャ 狩 絵 ャ 写 物 ダ オ ゼ ゼ
真 興 り ク 撮 釣 狩 叙 情 的 影 園 ゼ ペ 歌 ズ
リ 読 ク ジ パ シ エ 録 撮 ラ ク 狩 園 ラ う ダ
び 活 釣 品 ル ル 味 折 音 エ リ ン ハ 動 び 的
編 園 猟 真 シ み ャ 衷 品 狩 キ グ 猟 詩 読
ハ 猟 キ ゲ 釣 狩 マ 芸 撮 活 ャ リ ズ ム 味
テ ン ポ 編 味 パ ゼ イ 喜 レ レ 活 活 法 園 影
グ ダ パ 喜 ズ び び ク 陶 魔 ハ ン 真 読 影 プ
```

アルバム　　　　　マイク
バラード　　　　　ミュージカル
折衷　　　　　　　音楽家
調和　　　　　　　オペラ
即興　　　　　　　録音
楽器　　　　　　　詩的
クラシック　　　　リズム
コーラス　　　　　テンポ
叙情的　　　　　　歌手
メロディー　　　　歌う

9 - Vogels

イ	キ	グ	リ	び	法	ア	コ	レ	興	法	ハ	ハ	キ	釣	狩
活	品	物	影	読	読	ヒ	リ	ウ	コ	ッ	カ	孔	雀	撮	ハ
み	物	レ	活	読	猟	ル	白	ョ	ノ	ズ	ジ	チ	リ	活	動
ジ	書	シ	ハ	オ	オ	味	鳥	チ	み	ト	ダ	ゲ	チ	ウ	ー
ク	釣	ャ	み	ウ	み	物	品	ガ	サ	イ	リ	グ	ョ	真	グ
編	グ	陶	メ	ム	興	ゲ	ル	ハ	ギ	シ	ャ	物	レ	品	物
卵	喜	陶	モ	釣	イ	イ	釣	キ	ダ	み	リ	法	ル	ダ	ズ
ク	園	芸	カ	写	魔	ス	撮	レ	ン	絵	ゼ	物	釣	キ	プ
り	釣	ハ	写	ラ	読	ズ	ク	撮	狩	書	プ	書	ゼ	絵	動
フ	ク	ロ	ウ	ク	ス	メ	ー	味	ジ	活	イ	ル	書	ル	ル
ラ	猟	ク	チ	写	興	ゴ	ハ	ル	陶	シ	ラ	書	釣	編	リ
ゼ	シ	ン	み	キ	ペ	ン	ギ	ン	カ	リ	ペ	猟	エ	び	法
ャ	物	プ	ー	園	ン	ミ	ラ	エ	動	写	狩	ム	編	撮	狩
ゼ	キ	ク	編	プ	影	ラ	ラ	撮	写	陶	写	び	物	魔	ル
ル	イ	撮	ャ	り	鳩	フ	園	イ	ジ	陶	活	リ	ク	品	シ
興	書	活	エ	み	シ	キ	レ	リ	キ	動	読	ム	イ	イ	編

アヒル
フラミンゴ
ガチョウ
チキン
カッコウ
カラス
カモメ
スズメ
コウノトリ

オウム
孔雀
ペリカン
ペンギン
サギ
ダチョウ
オオハシ
フクロウ
白鳥

10 - Behoud

撮 イ ズ ク 活 ハ 写 パ エ ゲ キ 興 ラ リ 地 ル
撮 撮 レ エ ャ ゼ 編 び ハ 動 釣 エ ャ ダ 息 魔
喜 ム 品 編 物 ゼ み 動 物 撮 物 読 り ン 生 リ
環 境 撮 編 動 芸 パ イ 興 化 学 薬 品 削 態 読
ハ 農 薬 釣 有 シ ジ 猟 ラ 撮 シ 魔 ジ 減 系 物
編 写 り 狩 機 ナ チ ュ ラ ル ム 読 気 候 品 真
活 イ 味 ン シ 写 猟 教 釣 撮 芸 リ 園 品 ゲ 猟
喜 懸 水 グ ー ボ 園 育 ン パ 持 続 可 能 興 編
ラ 念 釣 撮 レ ダ ラ 狩 ン 絵 法 写 猟 興 書
サ エ ゼ 書 ゼ 絵 活 ン ャ 画 ダ ム ダ グ 編 品
イ 動 編 ン 健 魔 品 書 テ 物 び 味 陶 グ パ 絵
ク 味 画 撮 味 康 ズ ゼ 読 ィ ン ー 猟 プ イ パ
ル 猟 グ キ 園 ム 緑 ラ 汚 染 ア リ 書 魔 撮 み
リ サ イ ク ル ン 釣 レ ム ム 味 喜 真 ズ ー レ
活 興 ル ム 釣 魔 ン 画 キ ゼ 品 ム 狩 り 撮 プ
影 り 読 影 ル リ ダ イ 物 イ み 真 ズ 画 園 レ

化学薬品	教育
持続可能	有機
生態系	農薬
サイクル	リサイクル
健康	削減
生息地	汚染
気候	ボランティア
環境	懸念
ナチュラル	

地	興	魔	プ	パ	キ	レ	ル	ラ	画	リ	ン	ン	雰	ャ	編
法	平	ハ	品	リ	物	イ	読	グ	喜	画	ー	び	囲	ー	書
猟	活	線	目	に	見	え	る	望	ゼ	レ	味	味	気	パ	物
ゾ	ディ	ア	ッ	ク	興	ズ	遠	コ	ズ	ミ	ッ	ク	小	惑	ジ
ゼ	釣	リ	喜	編	活	パ	イ	鏡	釣	ズ	レ	レ	星	ハ	ダ
シ	ー	シ	パ	狩	味	グ	シ	空	ラ	味	画	リ	味	ム	レ
レ	写	ャ	書	ム	ー	レ	陶	ク	興	釣	闇	絵	編	キ	キ
太	陽	ラ	ジ	イ	ハ	経	ム	釣	芸	ジ	撮	月	キ	魔	ー
撮	ゲ	狩	ン	レ	味	度	グ	パ	物	読	ラ	シ	グ	芸	ン
園	撮	物	影	ク	ル	緯	品	活	読	赤	道	グ	編	エ	り
イ	プ	ー	ズ	活	天	ゼ	度	ズ	び	編	園	至	写	エ	釣
物	興	キ	法	品	文	軌	道	芸	撮	工	喜	点	ズ	エ	釣
園	猟	物	キ	者	学	文	天	み	ズ	ャ	ム	ラ	イ	猟	み
ン	シ	グ	喜	り	ズ	園	ズ	ジ	写	ゲ	写	ク	シ	ャ	園
ハ	プ	銀	河	半	球	魔	グ	芸	レ	法	み	り	味	ク	編
魔	パ	ー	芸	活	編	物	ク	読	ク	読	リ	興	ゲ	画	画

小惑星	地平線
天文学	コズミック
天文学者	経度
雰囲気	銀河
軌道	望遠鏡
緯度	目に見える
ゾディアック	太陽
赤道	至点
半球	

狩	み	ズ	半	キ	レ	ル	指	魔	ム	円	小	プ	グ	垂	グ
ル	画	グ	径	直	イ	り	法	数	釣	周	数	法	釣	直	真
分	ム	シ	ー	ル	グ	写	魔	エ	ン	撮	ハ	キ	ル	ャ	プ
数	イ	写	編	真	ジ	味	撮	ク	平	行	喜	園	撮	法	猟
ゲ	レ	写	編	興	影	ン	ゲ	味	エ	ー	芸	活	品	活	編
度	角	ル	び	び	エ	り	ル	ラ	影	書	絵	シ	ジ	釣	物
興	編	キ	芸	ル	平	算	編	動	ル	物	プ	ゼ	び	書	編
品	多	レ	レ	三	行	術	り	真	狩	リ	レ	リ	興	芸	狩
法	角	リ	魔	角	四	パ	編	興	対	称	動	ラ	写	パ	プ
ル	形	ー	味	形	辺	味	ゼ	シ	画	工	味	ラ	イ	レ	ー
ン	リ	矩	読	ズ	形	魔	書	レ	物	ゼ	狩	読	プ	グ	撮
ジ	編	影	ク	パ	ム	猟	真	ク	シ	ラ	ラ	ー	シ	リ	絵
和	興	ボ	リ	ュ	ー	ム	ダ	ム	り	撮	ジ	ジ	品	ー	喜
シ	み	ル	幾	読	ジ	ハ	真	方	程	式	味	ン	絵	撮	ゼ
レ	ダ	ル	ム	何	ラ	法	読	画	物	ー	釣	ー	ラ	絵	撮
ク	活	ゼ	リ	物	学	魔	動	陶	リ	ズ	ャ	法	物	ダ	ズ

小数	平行
直径	平行四辺形
三角形	矩形
指数	算術
分数	半径
幾何学	対称
角度	多角形
垂直	方程式
円周	ボリューム

13 - Gezondheid en Welzijn #1

魔ズ釣活ラ魔レ編ク法骨法ゲパレ味
興り猟ダー味ャズ陶影折一反射神経
編編動ン絵ハ味ジ編読レイゲプダ肌
釣レり高活エ園園び狩ハ芸レ影ゼシ
み活陶さ筋ンキ姿勢味読ゼグパ芸
ャ魔読細肉読陶プ陶シ興物陶ジラ芸
真レ画編び真ジク診ル猟芸写活興
怪影写りブ撮一芸り療治工み編活品
魔我リ影ィャ猟活局所絵絵ラー書影
興狩ンラテ魔プ撮狩真狩ンク猟イ
グ園グ喜クズみキエ味習ープパ読狩
狩味動ャアゼパズ編パ慣ゲシ編品ズ
ン喜レ園法りーり品法ハル医ン喜ハ
ウイルス動クンシゼ喜ダゲ者活ダリ
動芸ジグ狩キ活釣ョ飢餓絵プク園興
ク猟みレダびン芸ゼンモルホキゼ興

アクティブ	姿勢
薬局	診療所
細菌	怪我
骨折	リラクゼーション
医者	反射
習慣	筋肉
飢餓	治療
高さ	ウイルス
ホルモン	神経

14 - Camping

```
プ 動 読 シ 魔 プ び パ 写 写 ク ー パ 興 動 絵
ラ 画 プ 絵 カ グ ゼ 興 物 り レ シ リ ー ム プ
パ 魔 ル 芸 ク ヌ ン 釣 グ 昆 動 ル 法 画 物 り
り ハ プ 芸 ゼ ジ ー 陶 活 虫 グ グ プ 物 ゲ ン
動 読 編 味 ム レ 芸 写 ラ ゲ プ レ 画 狩 ン 喜
木 魔 り 品 猟 湖 帽 ゼ 月 品 陶 ム 撮 ー 写 ラ
園 魔 動 イ 自 影 子 ー ダ 陶 ム 山 陶 ー 写 ラ
レ 狩 喜 ン ハ 然 ト リ 写 リ 冒 険 興 法 び ム
ズ ラ ズ キ ャ ビ ン コ 喜 ハ 陶 ジ 地 図 ジ ゲ
火 ハ ン モ ッ ク テ ン ー 釣 法 び ー ダ ゲ ラ
動 物 イ ラ 狩 猟 興 パ ク 味 編 イ 撮 ゲ 動 ラ
パ り 森 ン 読 書 ク ス キ リ 興 ハ ム ム ク ゼ
撮 ン 魔 タ シ プ 味 シ ジ レ 狩 ム キ エ ズ ル
ー 編 ン ン 興 ム 品 影 ゲ 狩 狩 ム キ レ ル ラ
ズ ジ ロ ー プ 狩 興 ダ ハ 読 工 法 び 物 ー グ
び 書 ズ び 園 エ ジ ル 釣 ル ジ び ク 喜 品 び
```

冒険	地図
キャビン	カヌー
動物	コンパス
ハンモック	ランタン
帽子	自然
昆虫	テント
狩猟	ロープ

15 - Algebra

方	猟	猟	マ	和	動	ム	指	興	リ	リ	ク	法	エ	問	レ
程	喜	み	ハ	ト	釣	法	因	数	分	ン	ル	真	物	題	グ
式	ジ	ー	活	物	リ	味	子	画	影	エ	ン	ル	ル	魔	物
ゼ	ズ	編	ズ	陶	品	ッ	法	図	喜	り	ズ	ゼ	み	ク	シ
ゼ	ハ	ャ	減	算	絵	り	ク	ハ	ル	陶	動	喜	ク	ク	グ
編	括	び	み	ゲ	真	エ	ゼ	ス	式	ハ	イ	陶	グ	撮	み
リ	弧	猟	ゲ	興	動	動	み	狩	影	影	動	品	レ	ダ	興
陶	真	興	ゼ	キ	芸	リ	プ	ク	撮	み	グ	ム	ゼ	無	パ
線	形	レ	ロ	グ	パ	リ	撮	興	ジ	物	法	活	影	狩	限
グ	ラ	フ	パ	撮	キ	リ	編	芸	物	味	釣	写	単	法	品
レ	ジ	パ	興	物	リ	影	プ	芸	物	品	味	品	純	釣	パ
撮	ル	レ	ャ	興	り	解	真	プ	園	リ	シ	イ	化	プ	イ
興	物	ル	魔	魔	一	決	芸	絵	プ	ゼ	写	グ	ン	読	ダ
み	み	ゲ	ズ	ゲ	品	量	魔	写	魔	芸	読	ズ	味	狩	物
ー	編	法	グ	ャ	キ	ー	読	物	偽	リ	画	変	数	ン	影
レ	ム	シ	ダ	ズ	書	パ	ハ	書	レ	喜	ダ	ル	ル	グ	猟

減算
指数
因子
分数
グラフ
括弧
線形
マトリックス

ゼロ
無限
解決
問題
変数
単純化
方程式

16 - Activiteiten

写ダゼ魔エスキルリ園リイゼンり園
真活画法ー芸ラ絵ラ活園キ喜園喜動
撮ズ喜ハ写レ品ジクパズルび縫製リ釣
影絵ラ真活写猟イゼレ写画活魔リり
釣画魔読釣撮物トーアルゲームレ読
撮ズエムダリジムシダゼシパハジり
ー絵活狩ク読喜びョみャゲ写動ャエ
園芸猟編猟イクプンャキ読味法ー陶
真写キプ物絵味みびシ味写書喜び編
ク釣シ釣影画ーび狩芸陶工撮ハ品ハ
写ーンプ画グシンー興ム真ズび活グ
ハイキング園リ物ダンシング活動陶
真シ読猟園書魔ラ狩興撮陶魔ズ喜ム
写写パ真キ陶リ釣ゲ魔ク魔芸ルびパ
ズャ絵猟猟魔真喜法釣絵ズ撮ダプ活
活法物画プズンジゲジ陶影ラゼび物

活動	魔法
工芸品	縫製
ダンシング	リラクゼーション
写真撮影	喜び
ゲーム	パズル
釣り	絵画
狩猟	園芸
キャンプ	スキル
アート	レジャー
読書	ハイキング

17 - Diplomatie

イ 味 パ ジ 猟 猟 陶 キ 喜 狩 編 陶 活 解 ー ゲ
品 り 条 イ ズ 編 ー 言 語 法 ハ ク 物 決 パ 活
ク び 約 味 パ 陶 味 ー 法 ル ク 物 ダ 陶 ゲ 狩
物 園 ム 写 狩 狩 狩 プ レ キ ゲ レ ゼ 影 ン ル
キ 法 狩 エ グ 釣 ジ ハ 法 絵 画 狩 シ 真 ダ 写
品 読 ャ 活 魔 ズ ハ レ み 人 画 リ 喜 議 論 び
書 ム 安 ル 影 プ 味 使 大 道 物 写 芸 品 釣 影
ラ 倫 ゃ 全 影 撮 政 ゼ 使 主 整 合 性 ル ズ パ
魔 理 園 ン 外 交 写 府 館 義 正 ン シ ダ グ ル
魔 物 ム パ レ 真 ゲ パ 画 者 陶 シ 法 活 キ 写
対 市 喜 シ 絵 影 魔 政 治 パ み パ ャ 協 ラ 品
立 民 編 グ エ 画 ル り ゲ コ ミ ュ ニ ティ カ
ズ 編 魔 書 ラ 園 ー 狩 リ ゲ 撮 魔 エ ジ ー 園
書 ズ レ 狩 魔 動 ン 撮 釣 顧 問 読 ハ ダ キ 絵
ゼ グ リ ー 芸 編 ン ル り り 狩 エ 読 シ ャ 猟
影 レ エ 読 釣 ズ り ズ 解 像 度 画 び 狩 ル 法

顧問	人道主義者
大使館	整合性
大使	解決
市民	政治
対立	政府
外交	解像度
議論	協力
倫理	言語
コミュニティ	安全
正義	条約

18 - Astronomie

園	活	ハ	パ	画	魔	ダ	絵	ジ	ゲ	読	ラ	星	キ	画	エ
猟	ハ	影	陶	レ	読	写	編	ズ	み	び	座	シ	活	書	
グ	ム	園	グ	リ	天	り	芸	写	興	ャ	ズ	物	読	ハ	画
ロ	ケ	ッ	ト	撮	レ	文	み	興	ゲ	ズ	望	遠	鏡	動	り
エ	真	興	り	み	り	陶	学	パ	ゼ	法	画	ャ	み	レ	び
影	ル	り	画	雲	釣	キ	撮	者	動	活	り	芸	喜	ク	釣
影	写	釣	小	惑	星	惑	ダ	キ	ダ	編	地	球	狩	ゼ	魔
イ	ム	グ	ズ	書	衛	品	ー	芸	エ	影	喜	ジ	動	ラ	撮
星	グ	天	狩	写	興	ゼ	園	彗	味	エ	み	ダ	ラ	イ	ズ
味	ム	文	釣	ゲ	読	画	釣	星	リ	び	宇	読	プ	び	ク
活	魔	台	品	味	エ	絵	ゲ	猟	び	喜	宙	パ	ゾ	ク	ゼ
シ	書	品	写	魔	ク	喜	興	流	月	絵	飛	び	デ	味	猟
真	ー	宇	宙	画	パ	重	猟	星	み	春	行	ジ	ィ	絵	動
放	射	線	ム	読	ク	カ	キ	釣	分	士	ン	ア	園	画	
レ	猟	ム	読	狩	園	撮	ン	グ	陶	動	興	ム	ッ	び	写
動	狩	ー	法	法	ム	シ	ダ	り	ク	ル	活	ダ	ク	法	レ

地球	天文台
小惑星	惑星
宇宙飛行士	ロケット
天文学者	衛星
ゾディアック	星座
春分	放射線
彗星	望遠鏡
流星	宇宙
星雲	重力

19 - Vakantie #2

動	び	物	活	列	車	影	タ	魔	撮	休	ゼ	ゲ	撮	動	動
編	興	法	ゲ	ク	陶	ク	ク	ホ	テ	ル	日	絵	影	ム	狩
ズ	読	猟	ダ	ラ	園	物	シ	狩	ク	法	テ	絵	影	読	興
予	味	狩	物	喜	味	チ	ー	ビ	絵	外	興	ラ	真	興	ジ
約	り	み	ゼ	喜	画	物	ャ	行	み	国	リ	ク	狩	狩	絵
園	真	陶	り	イ	旅	喜	ジ	魔	き	人	ス	ゲ	キ	海	ハ
魔	活	陶	ル	イ	ー	興	レ	活	釣	先	園	ラ	写	ハ	シ
キ	ャ	ン	プ	レ	リ	ダ	交	パ	ス	ポ	ー	ト	空	ゼ	ダ
書	キ	書	猟	び	陶	写	通	品	味	ン	芸	読	港	レ	イ
芸	物	書	書	陶	法	イ	品	ハ	猟	真	芸	活	釣	び	ゼ
味	み	園	島	魔	リ	影	ハ	活	味	工	読	品	芸	書	エ
ズ	ハ	陶	イ	喜	影	画	活	狩	編	読	み	ル	レ	釣	法
り	み	真	ダ	読	陶	読	グ	撮	狩	イ	撮	び	動	影	写
法	芸	ー	キ	ジ	撮	プ	魔	パ	ズ	ゼ	真	書	陶	釣	釣
イ	ゲ	ル	絵	り	ラ	プ	真	編	ル	ム	キ	釣	影	動	書
イ	読	グ	真	ム	編	地	図	レ	物	イ	プ	ハ	動		

行き先　　　　　ビーチ
外国人　　　　　タクシー
ホテル　　　　　テント
地図　　　　　　列車
キャンプ　　　　休日
空港　　　　　　交通
パスポート　　　ビザ
予約　　　　　　レジャー
レストラン

20 - Weersomstandigheden

画	園	ハ	び	喜	ン	画	法	動	魔	ゲ	編	ル	エ	み	影
味	り	ク	魔	ハ	味	キ	プ	雷	品	影	芸	ン	写	園	キ
画	芸	グ	活	品	画	真	興	真	園	び	編	ド	雰	囲	気
び	撮	園	ラ	ム	芸	園	キ	ジ	び	書	魔	ラ	品	ー	り
魔	活	ラ	ジ	リ	絵	レ	魔	ム	ジ	エ	イ	狩	影	シ	び
グ	シ	ジ	ゼ	グ	ム	パ	び	び	ラ	ー	ゲ	読	ダ	プ	魔
パ	空	ズ	モ	園	プ	興	竜	影	喜	ル	ズ	ピ	カ	ル	活
品	び	り	ン	り	ハ	喜	巻	嵐	ト	ロ	ピ	カ	ル	物	画
動	稲	品	ス	旱	魃	リ	ャ	ラ	び	品	芸	雲	絵	気	レ
ー	妻	陶	ー	撮	陶	ゼ	ケ	ム	味	写	法	ー	興	候	虹
狩	真	芸	ン	動	シ	洪	水	ー	パ	猟	魔	陶	キ	動	法
ゲ	物	レ	ン	影	狩	ゲ	釣	魔	ン	陶	り	味	ン	園	読
ム	パ	リ	ジ	法	猟	ン	シ	ゲ	キ	キ	写	ク	真	編	霧
編	極	み	氷	り	興	イ	物	ハ	真	真	グ	ー	ャ	ズ	ゲ
イ	性	法	ラ	ル	リ	プ	喜	ズ	風	狩	ハ	品	シ	ー	釣
レ	温	度	真	撮	ー	み	プ	魔	影	ダ	ジ	ク	ゲ	ク	プ

雰囲気	ハリケーン
稲妻	洪水
ドライ	極性
旱魃	温度
気候	竜巻
モンスーン	トロピカル

21 - Eten #2

影 レ 興 猟 絵 ク ゼ 狩 ダ 画 魔 シ り 法 ズ 品
み イ 絵 レ 釣 キ ン ン キ び エ ジ 魔 動 物 茄 興
ャ 味 ダ ハ リ パ ン キ チ び 芸 読 読 法 子 動
ダ 絵 読 ズ キ 動 キ 絵 影 ム 真 活 ズ 真 葡 萄
興 ハ 絵 興 ム ム イ 絵 編 ト 品 物 キ 葡 ウ イ
真 ャ グ 書 ハ 園 ス 編 影 ラ グ ズ 狩 桃 品 ク
陶 レ レ 園 喜 プ ム ガ 味 園 画 狩 ハ 味 イ 編
釣 魔 物 猟 ー プ ク 米 ラ 喜 陶 釣 ハ ズ ラ キ
レ ル キ 品 ブ 画 ー 喜 喜 パ 動 ル ン ダ シ 卵
画 物 興 ゼ ロ 読 ヨ ン グ 絵 ス 法 り ク ル ズ
芸 び 狩 プ ッ ハ ー ド ン モ ー ア ッ プ ル グ
イ 狩 び び コ ハ グ ダ び ン 撮 味 レ 画 プ ハ
園 プ 読 り リ ダ ル バ 絵 り 編 影 画 ハ ッ ム
ラ レ ン ー ー パ ト エ ナ ゼ ー リ 興 パ ナ チ
び 喜 読 小 撮 ン 喜 ャ 活 ナ 味 芸 キ 魚 イ ー
ジ ジ 撮 ク 麦 ル レ 喜 び 読 興 真 キ ズ パ ズ

アーモンド　　　　　　　　葡萄
パイナップル　　　　　　　ハム
アップル　　　　　　　　　チーズ
アスパラガス　　　　　　　チキン
茄子　　　　　　　　　　　キウイ
バナナ　　　　　　　　　　小麦
ブロッコリー　　　　　　　トマト
パン　　　　　　　　　　　ヨーグルト

22 - Geologie

狩	み	ー	リ	シ	喜	陶	シ	写	法	ゼ	ゼ	興	ラ	ジ	塩
ズ	英	ク	写	興	味	ー	狩	真	り	ム	ハ	影	狩	パ	写
化	石	グ	書	ム	味	法	酸	び	ハ	撮	イ	喜	編	び	活
活	ー	喜	イ	プ	ハ	ハ	釣	真	ゼ	法	溶	絵	活	び	キ
物	ズ	活	鍾	乳	石	写	ハ	ゼ	園	岩	ン	魔	み	ゼ	り
喜	狩	シ	結	釣	コ	ー	ラ	ル	洞	窟	画	狩	大	狩	り
真	ラ	レ	ゼ	晶	法	ゾ	モ	レ	テ	ン	動	間	イ	陸	グ
み	書	真	パ	法	活	ム	エ	影	パ	ハ	狩	欠	法	グ	ズ
芸	イ	パ	魔	絵	ラ	キ	猟	絵	プ	レ	ャ	泉	ク	書	
地	震	ム	絵	ク	物	ズ	品	書	工	法	影	ン	キ	画	書
芸	芸	イ	ン	写	イ	カ	物	パ	高	イ	興	園	ャ	レ	キ
写	ャ	リ	グ	ダ	撮	ル	侵	食	原	イ	芸	イ	猟	喜	キ
グ	グ	エ	ズ	ル	活	シ	喜	ハ	編	ク	エ	イ	ハ	物	釣
み	グ	味	品	層	影	ウ	ジ	ル	猟	レ	ズ	ズ	ズ	リ	味
ゼ	真	ク	り	法	猟	火	ゲ	法	物	魔	ム	釣	エ	編
真	書	ラ	ル	絵	猟	ル	読	山	リ	グ	活	狩	園	び	ジ

地震
カルシウム
大陸
侵食
化石
間欠泉
モルテン
洞窟

コーラル
結晶
石英
溶岩
高原
鍾乳石
火山
ゾーン

23 - Specerijen

```
味 園 グ 狩 物 甘 写 絵 真 カ リ プ パ び ク 陶
魔 ー メ ゲ 芸 ゼ い 苦 品 釣 レ 陶 書 パ ハ ジ シ
芸 リ ツ ム 動 書 イ み 動 陶 イ ー 物 魔 ジ 味 ョ
ラ シ ナ モ ン イ ム 玉 釣 ス 書 ダ ゲ ゲ 味 猟 ウ
ニ ン ニ ク ハ 読 カ 葱 影 ル ニ ン パ ン 猟 ガ ン
バ ム ル ー 活 魔 ル レ ハ ジ ク ア 影 ー 写 写 撮
み 喜 グ リ 塩 品 ダ 影 狩 ズ 真 ミ リ ャ 写 リ 猟
魔 書 ム グ び ジ モ 狩 味 ハ ン コ キ 編 園 猟 ャ
ャ 絵 動 ヌ 味 パ ン エ 活 ズ ャ 書 品 園 編 影 び
品 プ 書 ェ 陶 影 園 撮 ジ フ ク シ ン グ 影 読 読
エ グ ラ フ ハ 物 ジ ー 品 ェ ロ み 撮 ム 読 ラ ハ
写 ル 画 写 真 ゼ 釣 編 シ ン ー サ フ ラ ン ン 陶
味 書 影 物 写 猟 イ ラ シ ネ ブ ャ 園 パ レ パ ム
編 魔 影 品 読 絵 園 み グ ル 読 絵 読 リ 編 リ 味
釣 興 釣 リ ル 狩 興 び キ 魔 真 プ び 陶 パ パ み
ル り み 品 ン シ ン 法 レ 動 ラ 絵 読 読 パ み
```

アニス
苦い
フェヌグリーク
ショウガ
シナモン
カルダモン
カレー
ニンニク
クミン

コリアンダー
クローブ
ナツメグ
パプリカ
サフラン
玉葱
バニラ
フェンネル
甘い

24 - Groenten

```
サ ほ 真 だ ー 読 パ ズ 写 み 喜 ラ 芸 パ カ ジ
ラ う ゃ レ い 影 ジ 影 ダ び 編 ル プ り び ブ
ダ れ キ び ク こ キ ノ コ 絵 シ ョ ウ ガ ジ 物
真 ん 写 釣 編 読 ん 絵 キ 品 パ 真 グ 絵 ゃ 編
物 草 ラ 物 書 絵 園 魔 ブ パ ハ 品 写 ト 魔 キ
ン 影 キ 真 ル エ ハ イ 陶 ロ ト ー み 写 ン ニ
物 レ ハ ン グ 書 ゃ び 喜 シ プ ッ シ ャ ト ク
玉 シ リ 書 ゲ ャ び 釣 魔 ラ 物 ャ コ イ キ ニ
葱 ハ 味 画 ン 狩 魔 活 ダ 物 ャ シ リ キ イ ク
ゲ リ 味 物 グ ル 法 び 絵 ズ シ ラ ロ ー 猟 写
か 編 パ パ グ 真 イ 興 魔 エ エ 魔 セ ン ル ハ
ぼ 園 茄 セ に ん じ ん 写 び 味 ダ ル 猟 ハ ク
ち 興 子 リ ゥ ュ キ 活 芸 ゲ 写 ム ン 影 ク ー
ゃ み み ダ 物 ジ ム り 喜 ャ ダ ル び シ ー び
オ リ ー ブ 品 物 キ 芸 レ び ハ み ジ 動 パ ン
エ ン ド ウ イ 真 陶 ア ー テ ィ チ ョ ー ク み
```

アーティチョーク	かぼちゃ
茄子	カブ
ブロッコリー	だいこん
エンドウ	サラダ
ショウガ	セロリ
ニンニク	エシャロット
キュウリ	ほうれん草
オリーブ	トマト
キノコ	玉葱
パセリ	にんじん

25 - Archeologie

文 明 ラ び ャ チ 狩 読 グ 陶 狩 レ び リ 陶 不
グ 影 ラ グ 園 ー 寺 ル プ 味 り ム 狩 園 器 明
法 喜 分 析 ー ム 活 ゲ 釣 興 ン ル シ 猟 工
り 絵 園 パ 写 ダ 評 価 動 狩 喜 ー ム 絵 狩 釣
レ 書 芸 ダ ゲ 編 狩 狩 絵 物 シ パ エ 真 キ
動 み 興 ャ ャ 品 真 画 レ 芸 時 イ 子 孫 リ ズ
教 授 オ ブ ジ ェ ク ト 猟 ク 代 ム 忘 活 書 エ
写 活 読 ラ 真 専 門 家 ズ 活 パ れ ン 読 キ リ
真 真 り び エ ム 品 ハ エ 興 魔 エ レ 編 ー レ
ダ レ 読 ク 芸 品 み ー 活 絵 み 墓 究 ら ダ 品
調 査 結 果 書 ン 写 ン 興 品 陶 研 究 者 れ 芸
エ エ 味 パ 味 ゼ シ ハ 写 ズ ダ 釣 喜 シ 画 た
リ 書 撮 品 ハ り 化 芸 法 活 ク 品 グ 園 リ ン
魔 ー 猟 ャ イ 真 猟 石 ー 画 み ン 魔 ラ 写 陶
ラ ハ 画 ハ 喜 品 真 活 骨 撮 ル ミ ス テ リ ー
遺 物 活 み 味 ズ ゲ 撮 ズ 猟 魔 ダ ル び 真 び

陶器	オブジェクト
分析	不明
文明	研究者
調査結果	教授
専門家	遺物
評価	チーム
化石	時代
ミステリー	忘れられた
子孫	

26 - Ziekte

魔法撮真パシゼ魔グプイみ味書味ジ
神経障害動ジみ動ア園ル物レー骨物
絵グ喜ーャパみキレ味キ絵喜イ園工
細狩写活ズ書影陶ルゲジ猟洞品味物
菌ャ影ャエハグ物ギ真パ書キジゼ猟
ハ狩ラシエ芸ズリー芸物真狩び急性
みラ品読読ーゼク撮ゼ興ハエパ狩伝
魔びラグ体書り撮ル法ダ活ー写炎遺
芸魔編狩ラ狩活喜法動工釣群候症活
弱い興絵猟健心臓猟ズゼゲイゲージ
猟み味免び康ン物絵ルゼ釣パ陶猟キ
狩真び疫絵ク影喜ゼ治読慢パハ工
ム活動りズ釣書ゼイラ療性ダ画ン園
り腹釣呼吸器真絵伝遺編ゼイイ釣味
撮ー部物び興法画染真画園りズクゼ
ゼル物キ活喜レク性読ハ興写工芸物

急性	健康
呼吸器	心臓
アレルギー	免疫
細菌	神経障害
伝染性	炎症
腹部	症候群
慢性	治療
遺伝性	弱い
遺伝	

27 - Immigratie

ダ リ ズ ク ン ス 喜 物 ン ル 猟 言 ー 絵 グ 子
プ 絵 読 パ 書 ト 交 渉 ラ 園 ズ 語 ズ 品 画 供
キ ー 味 喜 撮 レ 釣 ー ン 喜 猟 ャ 書 興 読 達
管 理 ン 書 影 ス 活 味 書 シ ゲ 承 認 喜 興 パ
ジ 味 プ 芸 猟 品 園 撮 解 芸 書 撮 り 状 ー レ
プ グ 大 読 喜 キ 影 ハ リ 決 パ キ ジ 況 画 パ
ー り レ 人 パ 動 活 ク 芸 喜 シ ム ー 釣 ャ エ
ゲ ク ー ジ ク 画 書 役 び ル リ 編 資 狩 パ ダ
物 り プ ズ ム 動 狩 員 レ 締 ン 真 金 釣 ン 品
び 読 ゲ ハ ウ ジ ン グ み 味 ム 調 レ リ シ ク
味 狩 法 芸 イ 味 真 興 編 物 書 切 達 プ リ ラ
パ 味 法 真 真 読 通 ジ ー 芸 味 り ル ジ み ダ
び 活 ン 興 プ ジ 喜 信 絵 品 品 魔 ラ ン ジ プ
写 法 リ グ 物 リ 文 味 キ レ 写 ル ン 読 法 シ
興 律 絵 り レ エ 書 援 助 絵 味 興 イ び 法 保
芸 芸 り 真 動 影 ル 釣 処 理 する ハ 魔 シ 護

管理	交渉
保護	解決
通信	処理する
文書	状況
資金調達	ストレス
承認	言語
ハウジング	締め切り
援助	大人
子供達	法律
役員	

28 - Mythologie

```
モ ハ 釣 伝 動 ラ ン ー ル 喜 ジ 絵 ズ 編 ハ エ
戦 ー ハ 説 魔 ダ ビ 真 味 画 モ 味 作 成 喜 ル
士 エ タ ク 行 稲 リ 陶 グ ン イ ロ ヒ ゼ 書 ー
ル 喜 ム ル 動 真 妻 パ ン ズ ス リ シ ャ 影 陶
イ び イ 活 ジ 生 物 レ ー ス タ 魔 法 編 ー 芸
エ 物 み ン キ き 園 ダ 雷 魔 ー 喜 写 喜 ャ ム
絵 天 ム ヒ み 物 画 ゼ 法 撮 ー ン ゼ 猟 エ エ
芸 国 物 ー 文 リ 園 釣 ム 狩 シ 物 釣 ゲ パ 喜
写 物 真 ロ 魔 化 ン 魔 リ 嫉 強 さ 猟 読 ダ イ
リ 絵 ル ー ジ 喜 ン 物 ン 妬 リ 画 ダ 法 写 読
狩 狩 魔 リ プ ン シ ル パ エ 魔 猟 復 讐 書 興
パ シ 書 釣 ー 陶 狩 ジ 興 ズ 猟 興 写 シ ズ 書
興 書 活 ダ 絵 原 型 品 ゲ み 喜 陶 物 キ 影 猟
イ 芸 魔 災 画 グ 画 喜 ラ ゲ 物 ク パ ラ リ 園
法 園 ゼ 害 ク ー 不 死 猟 釣 ジ グ ダ 魔 ジ 猟
興 品 レ ハ 影 レ イ り ズ 活 ク ダ 写 み
```

原型	強さ
稲妻	戦士
作成	伝説
文化	モンスター
ラビリンス	不死
行動	災害
ヒーロー	モータル
ヒロイン	生き物
天国	復讐
嫉妬	

29 - Eten #1

```
み ク イ ズ 撮 撮 書 サ プ 園 バ み 物 品 び リ
法 撮 興 撮 ズ 影 り サ ラ ル ン 読 猟 ゲ 喜
園 絵 び シ 読 撮 キ ダ 絵 陶 狩 ダ プ 猟 動 画
ジ ラ 釣 塩 ャ 編 シ 喜 編 釣 ー ゲ ル ゼ ジ ダ
ュ 読 み ク 釣 イ プ 撮 写 真 玉 パ パ ム ダ 影
ー ツ ナ 撮 シ シ 苺 撮 活 書 葱 園 喜 ジ 落
ス 編 釣 プ ナ シ レ パ イ 写 撮 ダ エ リ 花
ミ ル ク ダ モ 画 法 編 シ み ト ッ 影 キ 真 生
み 絵 ニ 画 ン モ レ ク 絵 猟 コ ゼ 影 真 品 肉
ジ ャ ン ニ 書 ズ 法 興 芸 味 読 リ 砂 味 品 芸
活 ゼ ニ 動 ャ 園 編 絵 ス ー プ 糖 釣 ャ 芸 法
キ ジ 真 狩 み ジ エ ク 写 ジ ア 梨 真 読 芸 芸
に 影 喜 読 影 ハ シ ゲ び オ オ ム ギ イ ー 法
草 ん れ う ほ 写 ラ ラ レ ン 興 ン 喜 法 狩 活 り
プ 品 じ ラ み ー リ 法 読 興 陶 ズ 読 り レ 魔
書 読 ズ ん ズ シ エ ハ 喜 ズ 絵 レ 読 シ 味 ラ
```

アプリコット	サラダ
バジル	ジュース
レモン	スープ
オオムギ	ほうれん草
シナモン	砂糖
ニンニク	ツナ
ミルク	玉葱
落花生	にんじん

30 - Avontuur

```
撮 美 し さ プ 陶 イ パ イ り 珍 自 影 書 編 熱
り プ ズ 魔 ゼ 園 イ キ 味 撮 し 勇 然 プ 喜 意
チ ズ 狩 編 ー 読 写 法 ー 喜 い 気 活 物 ズ グ
ャ 活 動 危 険 な 友 ハ キ シ 陶 撮 画 園 ク キ
ン 興 真 陶 ラ 達 法 ジ 絵 新 味 芸 園 ク グ
ス 写 書 興 み レ リ ー 真 り プ 着 真 レ ー
品 ル 影 ャ 真 リ び 動 魔 撮 影 ゼ 法 写
味 ハ 釣 陶 ー 遠 足 ナ ビ ゲ ー シ ョ ン ー 写
ダ ン グ 安 全 性 釣 ゲ び 園 狩 影 ム ゲ イ 釣
読 狩 狩 動 猟 ム 困 難 ル ル 旅 程 喜 パ 陶 ズ
ャ ラ ジ 読 ン 猟 ゼ ル エ 物 ク 猟 絵 興 み 絵
エ ゼ ハ 画 ゲ 園 猟 ャ ク グ 画 ク 猟 パ イ 釣
陶 イ シ ズ 影 み 絵 書 ゲ 行 準 備 み ン ゲ 興
ク ム ゼ び ダ 画 び イ 狩 編 き 写 味 み リ ズ
影 活 喜 び ハ ー 陶 画 ー シ シ 先 写 読 魔 ゲ
味 ム 影 課 題 り 陶 レ ゼ 読 写 エ グ 芸 魔 ズ
```

活動	新着
行き先	珍しい
熱意	旅程
遠足	美しさ
危険な	課題
チャンス	安全性
勇気	準備
困難	喜び
自然	友達
ナビゲーション	

31 - Restaurant #2

品 ダ ラ サ び ウ 編 ル キ シ み ン 品 ャ 味 ャ
ン ゲ リ ン 写 ェ 飲 読 ル 写 ル イ 陶 陶 猟 絵
び ラ 写 味 チ イ 料 物 フ 塩 釣 魔 プ ル シ り
グ プ キ 陶 ゲ タ 画 画 ル パ シ ム タ ン 魚
フ ォ ー ク ン ー プ ス ー ム キ ラ 食 写 読
釣 シ ケ ャ 絵 ャ ー イ ツ ダ シ り パ ジ 魔 喜
ル ラ シ ャ 法 猟 ス パ 氷 影 真 ハ 品 真 り ャ
ダ り 写 ジ 法 魔 ス レ 真 ズ 卵 法 エ 魔 エ
書 書 動 ズ ン 品 釣 ム イ ル 釣 イ イ エ ゼ 味
ン 味 影 ジ ズ 書 編 画 エ ゼ 活 ダ 芸 プ ジ 書
椅 活 釣 ル び ム ム 法 ン 水 び ズ 読 ズ ゲン ダ
子 ダ 狩 ジ ダ 影 陶 ハ 動 ゲ ゼ 園 ー 絵 ン 品
キ ダ り グ 美 園 イ 陶 ゲ エ 芸 真 野 ル 画 び
活 動 絵 園 ク 味 影 レ 魔 リ ム 猟 味 菜 ゼ ク
ル 狩 活 画 み 書 し 撮 法 レ レ リ び ン プ 狩
ャ 動 釣 真 ダ ゲ ク い 写 ク 写 麺 ゲ ジ 狩 釣

ケーキ	ランチ
夕食	ウェイター
飲料	サラダ
フルーツ	スープ
野菜	スパイス
美味しい	椅子
スプーン	フォーク

32 - De Media

個	影	動	ジ	ダ	物	書	釣	プ	法	ム	読	撮	動	書	ャ
人	ー	公	ロ	ー	カ	ル	真	パ	商	ン	新	動	釣	陶	教
品	リ	共	物	釣	画	読	書	界	業	撮	聞	テ	レ	ビ	育
プ	キ	興	写	ハ	ー	キ	エ	ク	グ	写	物	ー	喜	園	真
書	ル	撮	ラ	喜	ラ	喜	猟	猟	陶	魔	パ	絵	絵	り	シ
園	ル	タ	ジ	デ	ダ	書	シ	パ	釣	ー	編	真	り	物	ズ
パ	ゲ	真	オ	喜	イ	み	パ	ム	パ	版	芸	陶	喜	ー	レ
動	物	影	味	園	味	画	動	雑	誌	ゲ	広	告	ム	狩	み
み	猟	レ	ム	活	興	ハ	魔	陶	ハ	パ	イ	陶	ズ	り	リ
ハ	シャ	陶	書	シ	グ	影	撮	ダ	リ	キ	芸	び	活	ー	ム
知	ム	読	ゼ	ム	喜	猟	陶	法	園	園	ラ	読	芸	リ	ン
グ	的	絵	影	魔	ャ	釣	り	魔	ゲ	品	パ	ジ	喜	み	ム
喜	パ	陶	動	資	オ	ン	ラ	イ	ン	猟	編	陶	興	陶	リ
プ	事	イ	影	み	金	り	ム	ジ	び	プ	画	ハ	ハ	エ	リ
通	実	ン	ャ	釣	画	調	意	見	芸	ク	ル	ー	プ	活	ジ
網	信	通	陶	影	プ	興	達	レ	プ	エ	魔	画	ク	ル	み

広告	ローカル
商業	意見
通信	通信網
デジタル	教育
事実	オンライン
資金調達	公共
個人	ラジオ
業界	テレビ
知的	雑誌
新聞	

33 - Bijen

動	び	猟	エ	興	魔	影	多	園	書	書	プ	群	物	ャ	み
法	煙	イ	リ	み	リ	陶	様	影	一	太	狩	れ	み	エ	ダ
芸	写	陶	写	生	息	地	性	有	グ	陽	影	パ	芸	読	書
巣	生	態	系	ル	イ	ジ	益	園	撮	ゼ	陶	動	レ	グ	昆
読	箱	狩	狩	写	猟	ン	ズ	び	ゲ	写	園	書	ゼ	グ	虫
猟	ャ	グ	ダ	絵	ム	真	書	法	真	み	キ	プ	一	撮	動
ム	花	り	味	ジ	一	真	グ	イ	シ	芸	書	女	王	動	翼
ズ	品	編	ク	蜂	蜜	ル	芸	陶	ゲ	味	影	興	食	画	ズ
ク	喜	写	エ	イ	ク	編	花	粉	媒	介	者	ャ	べ	釣	ム
ャ	ハ	ハ	リ	真	び	パ	ク	花	味	狩	写	ャ	物	猟	ダ
物	エ	ク	品	狩	み	庭	レ	フ	ル	ー	ツ	パ	パ	撮	園
リ	物	シ	パ	品	ハ	ク	物	ズ	猟	物	ワ	興	ダ	イ	味
絵	び	ク	シ	芸	読	一	味	ジ	シ	ゼ	ゲ	ッ	魔	撮	影
シ	レ	法	物	び	グ	植	物	ジ	芸	ゲ	キ	撮	ク	編	ジ
撮	活	写	影	喜	リ	読	影	ル	ジ	ジ	興	ジ	ャ	ス	魔
ジ	ダ	ン	ー	パ	ャ	ダ	ク	パ	絵	ジ	グ	ャ	絵	絵	エ

花粉媒介者	女王
巣箱	植物
多様性	花粉
生態系	食べ物
フルーツ	有益
生息地	ワックス
蜂蜜	太陽
昆虫	群れ

34 - Wandelen

影シ物画影自陶魔ーオサミット疲書
読り気候活然読エゲリ動レ影重れ釣
野生ク法釣ラ動写キエ芸ー蚊いた動
動ー画陶影ル撮動読ン喜エグ絵リプ
影び石絵活プ動陶ジテ味太陽ン法興
釣編準備ゼ真クりゲー読天物ジ読プ
ゲレゼ画クプ真ゼムシ釣気読園陶
シゼ読真品動物動陶ョ園猟味書ゃ品
ラムキみ芸リ物写みンキ狩魔ハ園法
陶狩グプムズャゲ山水ゼパイル公ク
リプ興影書書影法りりプクパイ園画
ブラ猟プび絵興シ動グび写ム読動キ
真ー撮キレ喜イ崖物絵写興ジ活パ地
陶芸ツキャンプ芸編イ園ムみ真魔図
ダ興画ンシクダ物読ジグレム書グ法
釣ハ喜ハゲキ興イ読ン絵品リ編画編

動物	公園
地図	サミット
キャンプ	準備
気候	天気
ブーツ	野生
疲れた	太陽
自然	重い
オリエンテーション	

35 - Ecologie

魔 興 魔 芸 絵 書 シ ズ 品 読 ハ イ 自 ン マ リ パ
魔 絵 ジ ャ ゲ 種 ゲ 物 び ゲ パ 味 然 ラ リ パ シ
狩 リ 品 ゲ ー レ イ ラ コ 品 芸 パ 魔 み ン シ シ
活 リ パ 読 陶 真 法 法 ー ミ 生 存 ゲ 喜 シ シ ー
喜 び エ び 絵 写 ャ 喜 書 ゼ ュ シ ー マ レ シ ャ
パ 画 ゼ イ 味 喜 生 猟 喜 ャ み ニ 読 味 ラ ラ ム
シ 品 喜 レ ル 編 植 息 ン グ 魔 陶 テ 早 動 ム ム
エ 書 猟 狩 プ リ グ び 地 山 ゲ キ 法 ィ 魃 シ ゲ
ナ ズ み ー 狩 グ シ 書 画 ズ 持 り 猟 読 活 ゲ ク
チ 陶 キ ク レ キ ル ハ 陶 ジ 続 み ー 魔 狩 ク エ
ュ グ 陶 キ 品 み 動 物 相 物 可 植 物 撮 ー ダ ー
ラ ー ロ フ ボ ラ ン ティ ア 能 法 活 園 び ー ダ び
ル バ ー ロ グ 多 様 性 編 ル 狩 レ 狩 喜 び 品 グ
パ 撮 ゼ 喜 ズ 写 リ 気 び プ 魔 び ラ 狩 写 ン グ
釣 ム 狩 レ び ル ー 候 物 画 法 キ 魔 撮 ン 園 影
エ 絵 エ キ ゲ ゲ 品 撮 写 動 ハ 園 み 園 レ 釣 釣

多様性　　　　　　マリン
旱魃　　　　　　　マーシュ
持続可能　　　　　自然
動物相　　　　　　ナチュラル
フローラ　　　　　生存
コミュニティ　　　植物
グローバル　　　　植生
生息地　　　　　　ボランティア
気候

36 - Biologie

ゲ	狩	書	プ	影	猟	シ	び	ジ	動	読	染	真	リ	活	ジ
リ	ム	ラ	魔	動	味	ナ	ズ	園	ゼ	神	色	ン	り	魔
タ	ン	パ	ク	質	り	プ	光	び	撮	経	ク	体	品	魔
ム	レ	読	喜	び	ニ	ス	合	法	突	然	変	異	解	共	生
ホ	ル	モ	ン	興	ュ	レ	成	シ	ゼ	び	ゲ	味	剖	プ	み
猟	芸	ハ	画	キ	ー	画	リ	狩	ラ	活	ズ	学	編	喜
り	リ	ジ	撮	園	ロ	シ	ー	興	エ	び	園	活	釣	芸	ゼ
芸	喜	喜	編	撮	ン	ー	レ	物	呼	イ	陶	ラ	イ	芸	リ
影	ー	び	喜	リ	ャ	ダ	物	プ	吸	哺	乳	類	ル	品
ゼ	ゼ	ジ	り	動	ハ	喜	狩	び	ダ	画	ゲ	影	猟	真	ム
エ	魔	酵	狩	び	品	み	ハ	興	レ	ャ	味	ダ	ナ	リ	ラ
シ	絵	法	素	み	ム	レ	ラ	陶	ン	物	法	写	チ	陶	物
法	興	品	ゲ	ダ	浸	透	写	動	進	化	ラ	画	ュ	キ	活
コ	ラ	ー	ゲ	ン	狩	ジ	爬	陶	真	ク	書	レ	ラ	細	胞
編	ズ	ゼ	動	画	ダ	プ	虫	陶	イ	キ	編	胚	ル	読	エ
味	イ	ズ	パ	プ	ル	エ	類	活	ダ	書	り	ク	ジ	み	書

呼吸	突然変異
解剖学	ナチュラル
細胞	ニューロン
染色体	浸透
コラーゲン	爬虫類
タンパク質	共生
酵素	シナプス
進化	神経
光合成	哺乳類
ホルモン	

37 - Landen #1

```
ル 魔 イ 活 プ リ り イ ジ び 魔 ジ イ エ ジ 物 り
ツ 影 品 エ 猟 興 画 タ リ 書 グ ム 画 影 ル ジ ア
イ 陶 真 ジ カ 喜 ン リ パ ナ マ カ ン ボ ジ ア グ
ド ラ 喜 プ ナ 物 品 ア ビ ト ラ 写 魔 味 動 ラ ラ
リ ゼ ク ト ニ ア レ ド 物 芸 ダ 動 モ ー 画 魔 カ
ル ー マ ニ ア ラ ン グ 猟 ダ リ ダ ロ 法 ク 園 カ
ベ ブ ラ ジ ル エ ラ ス イ キ ー ッ ャ 活 二
猟 ル ャ ズ 味 法 ー ジ ハ ズ 陶 コ 写 狩 み 写
ー ー ギ ン 芸 法 ポ イ エ 絵 品 興 ー エ レ リ
シ ー 物 ー ノ ル ウ ェ ー エ 画 ル ゼ 陶 興 ゲ
写 ハ 撮 り 影 び 物 活 ハ 編 り 魔 り 書 画 リ
読 ー グ ジ 味 ー キ 画 エ 編 物 編 セ ネ ガ ル
影 絵 写 リ チ ダ ズ 影 狩 グ 画 読 読 園 書 ゲ
影 ャ 魔 ジ ビ 動 絵 興 撮 ゼ 法 ル 読 び ム ー
キ プ グ シ 動 ア ス ペ イ ン グ 真 び ン 影 編
猟 狩 シ ゼ 猟 ル 写 品 物 ゼ キ 物 味 書 キ 活
```

ベルギー	ラトビア
ブラジル	リビア
カンボジア	モロッコ
カナダ	ニカラグア
チリ	ノルウェー
ドイツ	パナマ
エジプト	ポーランド
イラク	ルーマニア
イスラエル	セネガル
イタリア	スペイン

```
レ 味 グ シ び リ 園 葉 ハ ル プ 影 キ 園 猟 ャ
ム ハ シ シ 芸 り 法 肥 ム グ レ ラ 写 活 草 み
猟 真 ラ 真 猟 興 ン 料 ジ ル 根 ラ 真 ラ ダ み
活 猟 魔 ダ 編 園 興 シ 真 ハ 活 ク リ 芸 プ ク
シ ゼ 絵 ハ ハ 園 び ゲ 書 ク ク 影 み り 編 品 ラ
ャ ン ム 画 魔 園 イ ゲ み ダ 活 物 写 興 物 ラ
興 読 真 真 釣 パ 陶 魔 法 ゲ り 物 イ 写 写 狩
読 パ 書 ブ ー ハ パ 喜 狩 植 ー ズ レ ム ズ 品
サ 苔 ム ッ グ ジ イ ハ 動 物 釣 法 物 喜 書 グ
ラ ボ 真 シ 動 ゲ ン ズ 書 学 パ 編 物 絵 森 読
レ 真 テ ュ 花 芸 キ み 読 陶 リ ク ラ グ ハ 写
ル 芸 園 ン 狩 キ 読 ン 書 法 豆 ル キ イ 活 影
撮 猟 動 画 び フ ロ ー ラ ジ 真 ズ 画 ル ダ プ
画 法 庭 ゼ 育 り 活 リ 蔦 竹 興 法 魔 ダ 画 編
園 猟 画 物 っ 木 ク ベ 植 ラ ズ プ 法 編 プ ハ
興 ラ 釣 猟 び ク 動 興 生 編 ダ ラ 品 猟 リ ム
```

ベリー	肥料
サボテン	植物学
フローラ	ブッシュ
育つ	植生
ハーブ	

39 - Agronomie

```
シ ー プ 科 活 ー ャ 魔 ジ 影 ン シ 釣 レ 編 活
書 ス 釣 学 生 産 画 パ 病 気 狩 ン ダ ジ 活 ラ ズ プ
園 魔 テ プ イ キ エ 芸 ズ 狩 イ ン シ 興 エ ル
み ム ル ム グ エ ク 味 陶 編 レ 魔 リ 撮 猟 リ
ラ ー エ 芸 ク 汚 染 持 続 可 能 猟 編 エ 写 リ
ン イ 芸 成 長 ン 書 絵 び 編 真 物 ル 真 撮 影
ル 読 味 ジ パ 狩 シ ハ ハ 物 興 影 ャ ー ダ 法
活 エ エ ー ン 物 一 研 究 生 環 食 動 ジ 書 パ
イ 動 読 活 ダ ジ ハ 釣 ャ 態 境 ベ ク 書 ー 釣
画 写 活 レ ジ 芸 ジ 興 ゲ 学 ャ 物 み エ 画 物
田 舎 ハ 画 ゲ み 猟 活 リ 魔 有 機 パ ネ ム 味
侵 物 釣 芸 画 キ 陶 画 プ パ 書 絵 ハ ル 物 撮
狩 食 猟 農 ゲ ム ン ク ム 水 ゲ 法 ダ ギ 写 ク
み 編 書 イ 業 絵 ズ 一 味 動 一 活 リ イ イ 品
園 イ ル 絵 撮 り 野 種 子 影 び 活 物 魔 グ 真
園 芸 シ 魔 ラ ク 菜 ン 肥 料 ジ エ ダ イ グ び
```

持続可能
生態学
エネルギー
侵食
成長
野菜
農業
田舎
肥料
環境

研究
有機
生産
システム
汚染
食べ物
科学
種子
病気

陶	読	ラ	絵	魔	園	ク	キ	法	撮	撮	品	法	ゼ	魚	リ
ャ	ム	レ	レ	陶	喜	リ	塩	写	エ	エ	釣	品	ク	り	鯨
ル	ン	釣	鮫	ー	ン	ャ	ハ	イ	メ	写	釣	イ	品	ス	陶
ズ	影	ダ	パ	芸	魔	画	イ	ル	カ	狩	キ	カ	ニ	ポ	ー
レ	ル	リ	喜	ダ	品	影	興	ム	品	ゼ	撮	喜	法	ン	猟
ル	物	リ	編	う	な	ぎ	法	絵	り	エ	ラ	法	ャ	ジ	リ
ク	ー	プ	物	釣	ル	み	味	イ	ハ	ズ	ダ	法	ダ	リ	リ
シ	品	ハ	ャ	プ	影	ク	レ	画	芸	喜	絵	り	写	ク	芸
陶	グ	び	陶	シ	魔	真	読	グ	芸	キ	猟	釣	ャ	ゲ	ゼ
狩	園	ラ	影	グ	ゼ	コ	ツ	パ	品	園	編	読	陶	ャ	ル
ダ	真	狩	芸	真	ラ	ー	ナ	パ	画	ジ	猟	味	び	ジ	ク
写	編	ゲ	ジ	ズ	喜	ラ	シ	書	影	ダ	読	芸	狩	ジ	影
写	撮	ジ	パ	ハ	リ	ル	ー	活	陶	た	こ	ム	ム	エ	ム
リ	ト	画	ク	ー	り	影	エ	藻	ズ	味	ズ	ダ	釣	釣	釣
法	ー	り	ラ	ラ	シ	グ	レ	潮	汐	編	エ	嵐	シ	ゲ	ク
ル	ボ	フ	ゲ	ル	画	イ	動	園	味	エ	グ	ビ	興	魔	ル

うなぎ	クラゲ
ボート	たこ
イルカ	カキ
エビ	リーフ
潮汐	カメ
コーラル	スポンジ
カニ	ツナ

41 - Landen #2

み	ラ	真	り	写	ウ	影	陶	味	ル	ン	ジ	釣	ャ	キ	ラ
グ	ダ	ン	活	リ	ク	ー	マ	ン	デ	レ	芸	画	物	ー	陶
レ	ジ	ダ	写	グ	ラ	ャ	品	活	動	ン	リ	読	法	レ	キ
喜	ス	興	ャ	パ	イ	み	グ	絵	ア	ニ	ケ	ハ	法	釣	活
エ	チ	オ	ピ	ア	ナ	コ	パ	キ	イ	シ	リ	ベ	リ	ア	書
ハ	釣	エ	ラ	ギ	リ	シ	ャ	ク	ル	物	ー	品	編	り	芸
ズ	編	ン	キ	動	ル	キ	ゲ	ゲ	ラ	猟	狩	レ	ル	喜	絵
ジ	真	喜	読	リ	品	メ	物	狩	ン	ノ	バ	レ	マ	ナ	シ
グ	陶	ン	法	影	リ	ン	ハ	ド	編	味	ー	ダ	イ	り	画
猟	ダ	法	み	ー	ラ	物	ハ	エ	陶	撮	絵	狩	エ	ジ	画
グ	ー	真	真	魔	日	釣	ラ	ラ	ハ	キ	み	ハ	園	ェ	キ
ー	り	ー	園	イ	本	ー	画	ウ	ガ	ン	ダ	釣	絵	リ	シ
興	画	ズ	ク	ク	読	芸	フ	ー	撮	ハ	陶	品	影	ア	ジ
ジ	イ	ン	ド	ネ	シ	ア	ラ	動	編	グ	グ	味	喜	シ	物
エ	ム	パ	パ	ハ	り	活	ン	ネ	パ	ー	ル	ズ	活	ロ	ゼ
絵	味	シ	リ	イ	ク	ゼ	ス	ソ	マ	リ	ア	味	シ	リ	ア

デンマーク	リベリア
エチオピア	マレーシア
フランス	メキシコ
ギリシャ	ネパール
アイルランド	ナイジェリア
インドネシア	ウガンダ
日本	ウクライナ
ケニア	ロシア
ラオス	ソマリア
レバノン	シリア

42 - Bloemen

み	ャ	り	パ	パ	ー	ジ	釣	ゼ	書	デ	狩	エ	写	イ	撮
ポ	み	ジ	ー	ラ	園	魔	ジ	ウ	ソ	イ	ケ	ト	ハ	ー	品
ピ	ダ	ャ	ゲ	グ	リ	パ	書	ズ	狩	ジ	釣	パ	ー	品	プ
ー	び	ス	カ	ス	ビ	イ	ハ	ゼ	真	ー	ひ	ま	わ	り	ダ
真	品	ミ	ル	ダ	イ	絵	ラ	陶	編	狩	芸	法	物	喜	芸
真	プ	ン	ジ	味	ャ	絵	猟	ン	ャ	活	読	読	ャ	物	狩
み	ラ	絵	イ	読	ダ	猟	ク	喜	絵	り	び	り	猟	写	ラ
マ	グ	ノ	リ	ア	喜	写	タ	ン	ポ	ポ	キ	エ	興	ゼ	イ
品	興	絵	み	釣	ン	び	ク	シ	品	編	喜	ル	レ	ン	ラ
書	品	ゼ	芸	書	ラ	グ	ロ	ナ	陶	び	ズ	影	ル	弁	ッ
牡	エ	魔	ム	シ	品	パ	ー	チ	ュ	ー	リ	ッ	プ	花	ク
書	丹	ン	狩	プ	ー	猟	バ	ク	ゼ	ダ	ル	魔	蘭	プ	束
絵	喜	釣	読	イ	ル	ダ	ー	品	物	ン	編	び	み	陶	シ
ダ	ズ	園	法	読	画	メ	ン	興	猟	ベ	ク	ー	ラ	ク	味
法	物	真	ゼ	り	り	パ	リ	ジ	ム	ラ	み	百	ク	ー	法
ク	キ	ズ	イ	絵	画	絵	読	ア	ジ	ク	パ	合	プ	エ	編

花弁	デイジー
花束	マグノリア
クチナシ	タンポポ
ハイビスカス	ポピー
ジャスミン	トケイソウ
クローバー	牡丹
ラベンダー	プルメリア
百合	チューリップ
ライラック	ひまわり

43 - Landschappen

```
ム レ 品 ク 書 狩 ラ 火 滝 ジ 真 ン イ ハ み 真
ダ 陶 興 ル リ ダ シ 山 撮 法 ー ダ 喜 洞 窟 活
狩 ハ ン り 園 り ゼ 品 沼 真 パ 物 書 猟 活 ジ
画 影 ズ 島 ゼ び 猟 書 ゲ み 釣 園 釣 び ジ ゲ
ル 撮 プ 半 読 編 品 魔 び 動 ン 物 み 興 ゲ 書
ク 猟 ダ プ ャ 読 興 シ 海 ク ン み ャ 物 活 ゼ
山 動 エ 湖 レ 喜 ラ パ 洋 喜 レ 興 書 キ ラ パ
ビ 書 シ リ イ 活 魔 ゲ 書 ャ 画 み キ ハ 編 谷
陶 ー 喜 ク 陶 ャ 喜 動 キ 園 ク 写 ム ン エ 読
真 品 チ 活 リ 絵 ー 丘 撮 工 陶 ャ リ 写 オ ン
ク 味 動 撮 物 り 絵 び 編 喜 ゼ 芸 喜 ズ ア ズ
ラ 写 絵 編 芸 動 一 興 編 プ 真 品 ハ ジ シ ズ
ツ ャ 陶 間 欠 泉 ン ラ ン 読 リ ラ 喜 ス ス 味
ン ン ダ イ 動 影 砂 川 読 興 読 ダ イ 喜 ハ み
ド キ 魔 活 編 魔 漠 パ プ 釣 品 絵 真 ハ 河 ル
ラ ャ パ 撮 ク 活 撮 ル 撮 法 ラ 陶 ャ 味 山 ー
```

間欠泉	半島
氷河	ビーチ
洞窟	ツンドラ
氷山	火山
オアシス	砂漠
海洋	

44 - Tuin

み	ホ	ジ	法	エ	ル	画	芝	園	猟	絵	ク	絵	写	ン	影
庭	ー	パ	ダ	岩	ベ	釣	生	活	ト	ゼ	ッ	ズ	動	真	猟
真	ス	オ	ー	チ	ャ	ー	ド	喜	書	ラ	モ	チ	ン	レ	ガ
ル	ャ	影	味	ン	シ	編	び	真	ム	木	ン	ー	絵	撮	レ
魔	味	絵	活	ベ	ゲ	ー	み	ジ	撮	り	ハ	ポ	興	み	ー
撮	ゼ	狩	イ	パ	絵	品	び	び	真	ャ	プ	味	り	園	ジ
テ	ラ	ス	読	エ	エ	釣	動	猟	物	編	ハ	味	池	ン	エ
動	イ	プ	エ	品	エ	び	プ	ー	ー	喜	キ	プ	ゼ	ャ	芸
ズ	リ	読	花	イ	物	編	リ	狩	園	イ	興	グ	活	ク	ダ
レ	ラ	シ	び	シ	ャ	法	魔	物	釣	ゼ	芸	動	プ	陶	キ
り	ラ	く	真	ジ	編	ャ	魔	味	興	絵	び	影	写	み	ン
ム	陶	品	プ	読	エ	パ	ン	ダ	雑	ゲ	ゲ	芸	物	ム	読
ー	シ	園	エ	釣	写	魔	ャ	熊	草	ル	魔	り	撮	ハ	ハ
パ	ル	ル	真	書	喜	書	リ	活	手	エ	プ	芸	ダ	味	り
フ	ェ	ン	ス	ブ	ッ	シ	ュ	品	書	キ	芸	ジ	ー	物	ハ
編	釣	ハ	プ	味	陶	シ	釣	読	ャ	画	ハ	狩	猟	狩	絵

ベンチ	雑草
オーチャード	シャベル
ガレージ	ホース
芝生	ブッシュ
ハンモック	テラス
熊手	トランポリン
フェンス	ポーチ

45 - Beroepen #2

写真家園トッロイパ狩画ラ写ラ宇狩
活ゼハ猟クゼーラズ狩プ興写ア宙絵
研編グ撮読ク絵スび猟撮法シニ飛狩
ラ究グり品陶猟トスリナャジン行園
レイ者学語言読レクム喜パ影ン士ズ
園狩ゼグ真撮プープ写びクキエ芸ク
釣生物学者ムエタ発明者活動真キ絵
り先法プ医科外ープ探医師魔品り園
ン芸書ラ歯ンゲ絵ク写偵庭品陶工興
ー味ーイ狩魔魔品農喜喜動び写一画
哲芸ジ味味パゲ写家画芸ダルラ画ゲ
品学ゲズレルエラ喜写びゼ画品絵品
ムル者芸園エゲパン画法一芸魔絵味
ダレ絵リゼ猟ラ猟リみ工品園書写ゲ
陶陶ハ興釣キ興影ムムダ芸ラ編活陶
味ジ興シゲ撮品司書ズイシズ活陶

医師	エンジニア
宇宙飛行士	ジャーナリスト
司書	先生
生物学者	言語学者
農家	研究者
外科医	パイロット
探偵	画家
哲学者	歯医者
写真家	庭師
イラストレーター	発明者

46 - Dagen en Maanden

十	真	ム	ズ	釣	月	月	ニ	ー	ン	ク	動	活	ャ	画	ム
一	狩	ャ	レ	曜	七	六	月	狩	真	読	ダ	釣	り	猟	ャ
月	ズ	ズ	ン	絵	日	曜	日	真	工	喜	リ	影	画	シ	エ
ン	ム	ク	び	ラ	喜	ゼ	リ	喜	グ	ハ	エ	シ	ズ	シ	
エ	ー	ン	パ	ジ	書	ゼ	狩	狩	水	リ	日	グ	み		
陶	イ	狩	ジ	撮	ゼ	ク	シ	猟	リ	リ	シ	曜	興	ゲ	金
キ	シ	プ	画	真	み	ラ	ジ	ジ	芸	ラ	ン	木	日	曜	ム
絵	品	園	リ	五	月	み	物	編	真	ラ	影	喜	曜	曜	火
活	法	リ	品	ル	活	写	ハ	カ	芸	レ	プ	土	ム	ム	ル
ラ	ダ	物	写	年	写	読	魔	レ	み	釣	絵	絵	一	喜	品
リ	ム	ハ	編	み	み	影	写	ン	ダ	キ	び	ム	リ	書	シ
活	ム	ゼ	物	八	パ	狩	ゲ	ダ	ゼ	パ	活	キ	陶	シ	キ
週	ム	ゼ	ジ	月	イ	芸	喜	ー	バ	ン	テ	プ	セ	キ	影
ャ	レ	物	ジ	シ	活	編	書	ム	ク	真	ム	釣	り	画	影
ラ	イ	ジ	ム	レ	味	興	イ	編	法	ズ	キ	品	リ	行	喜
プ	芸	グ	リ	イ	活	シ	品	ゲ	興	リ	絵	ン	イ	進	読

エイプリル	月曜日
八月	行進
火曜日	十一月
木曜日	セプテンバー
二月	金曜日
七月	水曜日
六月	土曜日
カレンダー	日曜日
五月	

ゼ 魔 み グ 炭 画 ク 芸 ル 活 品 プ シ 物 シ 活
キ ゼ 興 ポ キ ハ ジ ゼ キ 法 読 プ 味 リ ハ 狩
書 ル ゼ イ 構 成 読 工 興 物 シャ 動 芸 ジ
影 写 ズ ト 法 影 陶 ラ 写 影 リ キ 味 プ シ ム
活 物 読 レ パ ム 物 猟 ダ 猟 レ り ダ ャ ン 絵
影 創 ゼ ー ー ラ ゲ 狩 法 読 鉛 陶 イ ル 影 工
喜 工 造 ト ス ス テ ン シ ル 筆 粘 猟 ハ ハ 喜
リ プ 物 性 ペ 絵 エ ペ 画 ジ 芸 土 物 グ 釣 ー
み 傑 ャ ル ク ー ョ チ キ ゼ ラ ン 品 画 ジ 猟
ル 作 芸 動 テ レ 彫 ハ 画 動 ゼ エ 読 狩 ゲ ク
プ ン パ 釣 ィ 写 刻 真 りゃ 法 ル ャ ゲ ン り
撮 エ 編 ゲ ブ 真 ダ ン ゲ 法 画 編 芸 ン 品 猟
編 グ ン 猟 ン リ 読 リ 書 プ び 猟 園 み パ 活
ャ 写 読 アー ティ スト 絵 画 ン リル 興 ル
建 絵 ー パ ゲ イ 物 ニ 絵 品 編 パ み 映 画 ハ
影 築 魔 ダ ス クッ ワ 喜 イ び 釣 ハ 味 影 真

建築　　　　　　　ペン
アーティスト　　　パースペクティブ
彫刻　　　　　　　ポートレート
創造性　　　　　　鉛筆
イーゼル　　　　　構成
映画　　　　　　　絵画
写真　　　　　　　ステンシル
粘土　　　　　　　ワニス
チョーク　　　　　ワックス
傑作

猟	ク	ル	ズ	影	ル	ズ	猟	ハ	ム	ー	グ	ー	写	ー
撮	キ	書	猟	陶	ム	ダ	み	影	エ	キ	パ	プ	ダ	ャ
ク	ジ	ト	レ	ン	ド	ー	ラ	編	動	法	狩	読	イ	プ
陶	ジ	動	品	魔	み	ク	ャ	写	エ	品	ン	影	ー	ダ
ジ	び	活	ー	ル	品	釣	園	法	ゼ	撮	パ	写	イ	物
ジ	ラ	測	ン	イ	ハ	釣	な	撮	狩	り	陶	陶	猟	喜
イ	グ	品	定	タ	格	価	実	頃	手	キ	イ	パ	園	編
ミ	ニ	マ	リ	ス	ト	な	用	ャ	リ	ズ	ダ	園	ダ	真
グ	絵	シ	ジ	レ	陶	絵	的	リ	写	オ	リ	ジ	ナ	興
法	園	写	品	キ	書	レ	シ	撮	物	法	法	ゼ	衣	法
興	ン	読	エ	物	キ	ム	影	快	み	レ	読	興	陶	類	ブ
品	パ	陶	編	グ	ム	ラ	ス	品	適	画	び	ル	モ	読	テ
ラ	法	芸	猟	パ	ー	ャ	ジ	ー	画	ジ	プ	興	ダ	シ	ィ
ボ	タ	ン	味	タ	園	絵	陶	エ	レ	ガ	ン	ト	ン	読	ッ
ズ	陶	ゲ	物	ー	影	生	地	ハ	ハ	ジ	刺	動	園	り	ク
キ	猟	喜	り	ン	動	テ	ク	ス	チ	ャ	繍	釣	ジ	イ	品

測定	モダン
手頃な価格	オリジナル
刺繍	パターン
快適	実用的
高価な	スタイル
エレガント	生地
レース	テクスチャ
衣類	トレンド
ボタン	ブティック
ミニマリスト	

49 - Tuinieren

季 画 法 植 芸 動 ダ 動 ン 子 種 シ 陶 ハ 物 シ
節 編 ル ー 物 書 容 器 画 品 読 水 品 釣 ゲ ロ
園 活 グ リ 狩 プ ゼ ホ 陶 芸 リ 分 ャ ゲ 泥 ー
花 土 絵 影 ジ 魔 ド ー ャ チ ー オ 食 活 ダ ラ
品 エ エ ー 撮 法 法 ス ラ エ 狩 絵 用 動 動 ル
レ 影 り 釣 芸 水 喜 り レ 堆 ク グ ゼ 花 グ ル
魔 芸 品 エ キ ゾ チ ッ ク 肥 品 物 ゲ 束 キ エ
画 活 ン ダ 動 グ 魔 り 味 ラ 物 興 プ 書 味 物
園 興 狩 ズ 真 魔 ダ リ エ 陶 興 狩 撮 編 ジ プ
魔 ル ー 物 絵 ャ シ 書 芸 活 ン 動 画 陶 ズ 真
絵 法 び ン ル 品 猟 ャ 喜 芸 キ 陶 陶 ズ み 撮
ー 狩 ル グ レ リ 読 気 候 ゲ グ み 画 真 み 品
グ 絵 ラ イ パ び ラ 編 グ イ ハ 釣 喜 編 葉 活
釣 影 動 芸 ー 写 グ 法 芸 真 撮 興 ズ ゲ 編 芸
撮 編 ジ 書 園 動 写 ゲ 動 び パ エ 猟 ズ り 絵
園 り ク 影 絵 物 ダ 興 ゼ 活 ャ グ ン キ 猟 絵

フローラル   エキゾチック
花束   気候
オーチャード   季節
植物   ホース
堆肥   水分
容器   種子
食用

50 - Menselijk Lichaam

喜釣エび陶ズゲ味活品真クみ撮ゲ狩
品真血写ンパダ動グン物狩鼻指レジハ
脳撮レイ陶プ品園芸ラ猟園ハシゼ真写
法品ゲズズ絵び芸胃芸動イレグリ写肌
レイ真読釣ジゲズイ物リ釣グゲゲ書
レシ魔魔膝読グレ撮リリ狩釣ンパゼ
魔陶シ足シ読ク絵ム写びゲム読ダ編
園物読首パゲズー法りズ肩ー顎キ耳編
ラーエキ撮真リ舌びキ動園ーキダ臓品
パり編ム首りパみ園み狩口喜ル釣レり
味リ園物芸絵ハ園魔釣魔芸ムプー心ダ
編味釣魔パび活ゲクみ目エハク芸
法魔ラル絵肘り陶法パ品手園パャ画
動書品リ写ダズ活ラ味シ狩画書画狩魔
魔味ゼハ頭ク法絵足り写びダ読ダ
書喜絵ジゼイ影ジ興品陶魔画狩魔ダ

足首　　　　　　　心臓

51 - Energie

<table>
<tr><td>ダ</td><td>ャ</td><td>ズ</td><td>味</td><td>ゼ</td><td>ー</td><td>ゼ</td><td>キ</td><td>興</td><td>物</td><td>汚</td><td>ハ</td><td>物</td><td>イ</td><td>猟</td></tr>
<tr><td>ゲ</td><td>み</td><td>画</td><td>撮</td><td>ル</td><td>プ</td><td>ゼ</td><td>ダ</td><td>燃</td><td>レ</td><td>グ</td><td>染</td><td>タ</td><td>環</td><td>境</td></tr>
<tr><td>ガ</td><td>ソ</td><td>リ</td><td>ン</td><td>エ</td><td>イ</td><td>パ</td><td>デ</td><td>読</td><td>真</td><td>料</td><td>陶</td><td>法</td><td>ー</td><td>再</td></tr>
<tr><td>キ</td><td>ハ</td><td>陶</td><td>活</td><td>影</td><td>エ</td><td>ジ</td><td>ジ</td><td>ィ</td><td>物</td><td>子</td><td>光</td><td>ゲ</td><td>ビ</td><td>生</td></tr>
<tr><td>真</td><td>品</td><td>ム</td><td>ク</td><td>プ</td><td>読</td><td>エ</td><td>シ</td><td>狩</td><td>ー</td><td>電</td><td>気</td><td>ゲ</td><td>ン</td><td>可</td></tr>
<tr><td>ム</td><td>ャ</td><td>魔</td><td>蒸</td><td>気</td><td>核</td><td>グ</td><td>シ</td><td>び</td><td>ピ</td><td>ゼ</td><td>リ</td><td>エ</td><td>エ</td><td>能</td></tr>
<tr><td>イ</td><td>影</td><td>シ</td><td>ル</td><td>キ</td><td>品</td><td>電</td><td>池</td><td>編</td><td>ロ</td><td>書</td><td>ル</td><td>レ</td><td>釣</td><td>味</td></tr>
<tr><td>画</td><td>写</td><td>ル</td><td>キ</td><td>パ</td><td>狩</td><td>写</td><td>活</td><td>物</td><td>ト</td><td>書</td><td>熱</td><td>ダ</td><td>活</td><td>画</td></tr>
<tr><td>味</td><td>影</td><td>み</td><td>ム</td><td>絵</td><td>イ</td><td>ハ</td><td>物</td><td>ャ</td><td>ン</td><td>ク</td><td>ク</td><td>ゼ</td><td>書</td><td>リ</td></tr>
<tr><td>グ</td><td>絵</td><td>エ</td><td>び</td><td>ゃ</td><td>園</td><td>リ</td><td>ハ</td><td>モ</td><td>エ</td><td>エ</td><td>ク</td><td>興</td><td>興</td><td>エ</td></tr>
<tr><td>編</td><td>物</td><td>シ</td><td>絵</td><td>真</td><td>画</td><td>業</td><td>界</td><td>ー</td><td>影</td><td>園</td><td>ダ</td><td>ジ</td><td>ン</td><td>書</td></tr>
<tr><td>魔</td><td>読</td><td>ン</td><td>ズ</td><td>み</td><td>喜</td><td>法</td><td>り</td><td>タ</td><td>シ</td><td>動</td><td>品</td><td>魔</td><td>ラ</td><td>レ</td></tr>
<tr><td>ム</td><td>ハ</td><td>品</td><td>ラ</td><td>ダ</td><td>ム</td><td>物</td><td>イ</td><td>ー</td><td>撮</td><td>ゲ</td><td>品</td><td>シ</td><td>ジ</td><td>読</td></tr>
<tr><td>物</td><td>真</td><td>芸</td><td>グ</td><td>り</td><td>味</td><td>ン</td><td>陶</td><td>ラ</td><td>画</td><td>編</td><td>書</td><td>り</td><td>編</td><td>動</td></tr>
<tr><td>喜</td><td>プ</td><td>ハ</td><td>活</td><td>パ</td><td>イ</td><td>陶</td><td>画</td><td>影</td><td>ャ</td><td>興</td><td>ム</td><td>編</td><td>ム</td><td>み</td></tr>
<tr><td>ハ</td><td>喜</td><td>猟</td><td>興</td><td>興</td><td>画</td><td>釣</td><td>ル</td><td>釣</td><td>グ</td><td>グ</td><td>グ</td><td>写</td><td>炭</td><td>素</td></tr>
</table>

電池	業界
ガソリン	炭素
燃料	モーター
ディーゼル	環境
電気	蒸気
電子	タービン
エントロピー	汚染
光子	水素
再生可能	

52 - Familie

```
陶 グ 品 ム 撮 グ ク 芸 父 祖 興 ン イ レ 叔 プ
ク キ ル 法 エ 味 物 画 叔 方 甥 び ハ 喜 母 ン
物 エ 陶 び 写 芸 書 陶 撮 り の 味 園 ゲ 活 書
イ 釣 レ 姉 ン 真 読 影 ム み 兄 グ ル ダ 写 法
み ー ル 妹 イ グ エ ャ ム パ 弟 ラ ダ 編 狩 ム
画 み 興 ゲ 芸 レ 芸 ハ ダ り 喜 ダ パ レ み び
パ リ 品 味 ダ ク 法 クャ パ ズ 妻 キ レ リ 興 陶
芸 子 双 ダ 狩 イ 孫 絵 活 喜 み キ プ 興 陶 読
物 供 子 ー 動 ハ シ グ び 活 ゲ ラ 陶 真 物 影
味 達 グ ー 撮 物 母 興 魔 芸 ル 影 園 工 物 陶
釣 読 ャ 活 ン パ ン 魔 動 イ 娘 ジ ゲ 陶 パ 動
読 味 釣 リ プ 釣 り 写 園 リ 絵 写 イ 興 グ 陶
子 供 の 頃 ャ 写 おばあ ちゃん 動 画 陶 グ
リ キ 読 び 読 ダ 夫 書 芸 シ ム レ 動 ゼ 釣 ン
シ 狩 味 ゼ 祖 エ 写 ン 狩 陶 絵 芸 影 ハ み 魔
ン 芸 ゼ 法 先 物 シ キ ゲ ハ ャ 喜 シ 画 り 陶
```

兄弟　　　　　　　　祖父
おばあちゃん　　　叔母
子供の頃　　　　　双子
子供　　　　　　　　父方の
子供達　　　　　　祖先
叔父　　　　　　　　姉妹

53 - Gebouwen

```
大 使 館 物 博 プ 喜 ク 法 釣 ク 法 エ ム ラ キ
編 ム ス ー パ ー マ ー ケ ッ ト リ ダ プ び ャ
エ 品 ー ル キ び イ エ イ 品 グ 興 イ 画 ダ ビ
撮 興 編 城 ム び ゃ 撮 キ 園 ム ア ジ タ 物 ス ン
キ 画 び 喜 イ 物 法 活 ゲ キ 味 パ り イ ル 狩
り ム び ダ ン 写 芸 撮 真 影 ー ル 影 ズ み ゲ
真 イ 陶 ラ 病 院 天 園 ゼ 法 ト 編 ク み グ
タ エ 園 エ リ パ 文 書 ャ 狩 釣 芸 農 絵 読
リ ワ 陶 キ 絵 工 台 ャ ン 写 シ 園 場 ゼ ク
ー ン 芸 ゼ 場 撮 テ ン ト 真 動 園 み 猟 ズ レ
園 味 び ラ ラ ー 喜 ャ ル 猟 書 工 釣 狩 劇 真
ン 芸 ゲ ン 品 キ ン ホ 影 大 校 パ エ 活 影 ル
シ 芸 狩 ダ 書 物 魔 テ ル 真 学 撮 読 ム プ シ
エ ゼ 写 び シ ネ マ ル 魔 猟 陶 納 屋 ラ ダ 真
研 究 室 ム 喜 ー イ 動 プ 喜 ー 動 芸 ダ 撮 園
ャ 動 読 ダ ー 園 イ イ 撮 ャ エ 書 喜 プ 園 園
```

大使館	学校
アパート	納屋
シネマ	スタジアム
農場	スーパーマーケット
キャビン	テント
工場	劇場
ホテル	タワー
研究室	大学
博物館	病院
天文台	

54 - Beroepen #1

影法ゼびャダャラピアニスト地真ア
動物興猟猟ハ釣みグ真ク活魔図画ス
ー影猟ャ画魔踊り子ルパ撮編製イリ
グパリ品編シ写イ写写品ハ猟作絵ー
医者学理心画びレーン撮狩芸者ラト
獣集学絵動ジ芸園ーズダ薬剤師パク
キ編ダ質ハンター物ーム真味グレ書
ク陶ム活地ハ活び釣味絵喜クンシ釣
芸リャーンル味園狩猟陶興シ芸キレ
興ズシゼ弁み画ジ影編物真大使読エ
配ンプ画婦護看ャ品びイリプル興真
撮管書ジリル士ー動読んりプゲ読狩
興ゲエ宝石商ゲクレり影シ釣ムズ
イキび芸物ム品編喜影ゼパ味工編ラ
ャ読天文学者学科クグびー真興プン
書撮写編法り音楽家行銀レイリゼン

弁護士	編集者
大使	地質学者
薬剤師	ハンター
天文学者	宝石商
アスリート	配管工
銀行家	音楽家
地図製作者	ピアニスト
踊り子	心理学者
獣医	看護婦
医者	科学者

55 - Antarctica

法ム遠エ影び狩読キゼ書品編猟ダ物
画動征プ活ラ温エ釣エ影氷興り品グ書
イグイム読ンプ度味水法動ャ河移プシダーレ
撮ゲャ猟活ズグエ絵プム喜グムりダパ書撮
ムイ品イ芸ジイゲン魔イ絵レ活グパ半読喜研究
物品グ書影撮園ゲミ陶半島狩狩りダ書撮絵ダ物
氷ベイ芸影シ大陸ロパ読撮ズパ撮
園興芸レ芸真ミッネ島り撮絵ダハ
ンゼ芸保全芸的読ハキ画編ズ読喜研究環境
ム影味科学陶ゲゼー陶法読びグ究者狩品
リルルイ絵ペびギ形地芸シ園び究園ク芸
ズイラプン魔法撮ゼャ理ズ物ラ環物撮
ラ芸キリ編島写シ魔写陶キみ物ゲレ境品興物芸

56 - Ballet

```
作 ル 品 興 画 編 物 レ イ 魔 強 ャ プ ル リ 編
曲 画 ハ 写 画 興 び 真 喜 ク 度 ダ ル キ レ ハ レ
家 パ ラ 芸 リ ャ み 陶 撮 編 猟 喜 ン ズ サ ナ ゲ
絵 芸 物 園 芸 ジ ェ ス チ ャ ー 写 ズ サ ー ゲ
ゲ 編 り キ 物 術 影 写 写 パ 魔 み 物 書 ー ゲ ゼ
読 り 画 ジ 狩 味 的 み み ゼ エ ソ ム ズ リ ゼ オ
ダ 魔 動 み リ 狩 活 ラ 法 物 ャ ロ 練 習 レ オ ー
プ 喜 園 園 シ 園 写 味 品 ク 物 猟 喜 ズ バ ー ケ
読 影 釣 ム 喜 喜 み プ ャ ム 芸 絵 エ 書 品 ケ ス
み 魔 グ 影 パ エ 書 ダ ャ グ リ ハ ー サ ル ス ト
エ パ 興 ク 動 絵 芸 表 現 力 豊 か な グ イ ト ラ
画 動 絵 撮 ジ ル 影 編 ゼ 写 動 ダ レ ダ タ ス ク
音 喜 ゲ 絵 ー り 写 ク 画 ク 物 ダ ン ジ ス ク り
キ 楽 芸 動 写 活 拍 ハ 興 ル 編 喜 活 ハ 活 り
振 り 付 け 筋 肉 手 品 品 エ ズ 画 ク 動 芸 り
画 ム 猟 り 活 ャ 技 術 プ 編 編 グ び 興 ズ 絵
```

拍手	音楽
芸術的	オーケストラ
バレリーナ	練習
振り付け	リハーサル
作曲家	リズム
ダンサー	ソロ
表現力豊かな	筋肉
ジェスチャー	スタイル
強度	技術
レッスン	スキル

57 - Fruit

動	ム	み	撮	ン	ー	シ	梨	ラ	興	法	芸	芸	写	釣	ゼ
猟	魔	画	動	パ	興	喜	芸	ズ	ム	ジ	興	イ	プ	グ
バ	ナ	ナ	ク	ト	パ	芸	味	べ	び	パ	レ	物	魔	レ	猟
写	ャ	ル	プ	ッ	ナ	イ	パ	リ	コ	コ	ナ	ッ	ツ	モ	品
喜	シ	キ	ー	コ	味	ウ	ヤ	ー	リ	ェ	チ	み	ャ	ン	物
キ	編	ム	パ	リ	ズ	キ	喜	ゴ	オ	レ	ン	ジ	動	葡	萄
画	影	キ	ー	プ	ゼ	ダ	ゼ	ン	編	メ	ロ	ン	興	絵	ム
ル	写	狩	ズ	ア	エ	ゼ	ラ	マ	ア	釣	活	書	り	グ	ゼ
ル	動	物	品	狩	び	絵	ラ	動	物	ボ	桃	ル	ル	ハ	ム
ャ	ク	び	真	物	梅	画	陶	画	園	陶	カ	ダ	ゼ	園	ル
物	喜	プ	園	味	キ	猟	ク	絵	喜	ン	画	ド	ゼ	ハ	パ
陶	物	ク	影	魔	ル	ゲ	品	品	真	レ	ズ	ア	ッ	プ	ル
品	法	狩	ク	ャ	狩	び	ハ	グ	猟	味	ム	ム	書	ン	ゲ
活	魔	読	画	撮	ズ	グ	物	グ	ジ	撮	ゼ	グ	レ	書	法
ベ	リ	ー	リ	ダ	釣	ー	シ	パ	活	ネ	ク	タ	リ	ン	グ
品	活	レ	絵	キ	ジ	イ	真	影	活	エ	物	ズ	読	プ	ム

アプリコット	チェリー
パイナップル	キウイ
アップル	ココナッツ
アボカド	マンゴー
バナナ	メロン
ベリー	ネクタリン
レモン	オレンジ
葡萄	パパイヤ
ラズベリー	

58 - Engineering

```
写 ャ パ ー 活 品 安 興 ハ 魔 芸 釣 び び 書 狩
プ ズ 味 味 ジ ジ 真 定 物 性 ハ グ 品 芸 び り ゲ
法 ム ー ャ 陶 エ ラ 園 性 ャ レ ダ ハ み ン ズ 動
品 法 レ ダ 法 狩 グ 読 ャ レ ク 編 狩 ャ リ ハ 品
画 ン り 味 書 興 直 撮 喜 グ 芸 興 魔 猟 深 さ 釣
工 興 み ャ 物 レ 径 レ ー 絵 読 ハ 猟 深 推 真 読
興 芸 法 編 り キ み み タ ゲ シ レ ラ 読 進 活 グ
び 機 ラ 興 ラ 法 ク 画 さ モ ー ハ び キ 読 狩 品 グ
猟 ン 械 狩 イ ン 強 さ モ ー ラ ギ ション 狩 絵 喜 法
魔 魔 法 エ レ 園 ル ル ラ ギ 読 ジ ム 絵 り 喜 狩
エ リ 影 味 ジ ャ 摩 ム ジ ル 軸 法 喜 ン ジ ャ び
読 パ 興 味 編 法 擦 エ ー ネ 構 ズ 喜 ャ び ラ
編 液 ズ 芸 釣 法 ジ 画 猟 エ 造 グ 興 図 イ ゼ プ 味
ジ 体 角 度 測 工 釣 活 ゼ 計 読 喜 釣 イ 回 転
ハ ン パ 動 定 ジ り ゲ 芸 算 書 喜 み 回 転
ディーゼル 狩 ム 法 エ イ 建 設 ゼ 魔 ム 転
```

計算	機械
モーション	測定
建設	モーター
直径	回転
深さ	安定性
ディーゼル	構造
エネルギー	液体
角度	推進
強さ	摩擦

59 - Literatuur

```
ク編パ物真みみ比写動レ猟写詩リゲ
猟法狩活読写エ喩活ムパエ編的ズー
ャ法イゼ分狩ジ釣著者芸リンズムジシ
写ラ陶類析ャ編ャ陶プ動写編ルジ興
画パ影推析画一法キ園興書鈞芸ズ
イ芸工物レ影タ品撮キラパ撮キイゲ
ム陶物園ラテーマリ猟ハ絵ハダエゲラ
興シフ喜味リレ釣画編ク鈞ズり法
喜比パィ逸話ナ喜リキプ影真韻レ
品リ較ク逸ストイル影味芸伝園工釣
ルり芸ーシパ影意真狩パ記ャズ真
み絵クプ物ルョ猟魔みグム猟ャ猟パ
ム写プ絵書ングイ絵ク絵猟画影キ
書魔釣動猟ンみ悲絵結品魔画ム
魔書一ジ興ラ劇り論対話小説撮
園りシンィ活一び法ンル魔品
```

類推   比喩
分析   詩的
逸話   リズム
著者   小説
伝記   スタイル
結論   テーマ
対話   悲劇
フィクション   比較
意見   ナレーター

60 - Boeken

```
ユ ズ び ズ 影 ゲ プ ク ル パ り 書 ル 動 ク 狩
ジ ー ペ 狩 園 プ 画 法 文 学 絵 編 撮 喜 み 味
パ リ モ ニ 重 性 エ 編 影 喜 パ 芸 キ 喜 魔 編
法 シ キ ラ 芸 書 味 エ ー 編 書 ゲ 魔 エ 狩 絵
ム エ ラ 真 ス 喜 絵 キ タ ャ シ パ 釣 び ー ャ
味 ン 写 ク 小 エ ピ ッ ク コ エ パ 書 撮 ャ み
関 撮 芸 ー 説 シ 読 ダ ラ レ 読 絵 真 ズ イ ジ
ル 連 狩 釣 陶 ナ 書 ャ ク 猟 イ ダ 読 イ ン 芸
プ 活 す パ 魔 レ 法 か キ シ ゼ 魔 影 魔 プ 発
イ ゼ 魔 る ゲ ー パ れ エ ョ 活 リ ジ ン 味 明
法 書 ス ダ 釣 タ 写 た キ ン グ 猟 ゲ ズ 絵 法
活 冒 ト シ ダ ー ャ 詩 ジ グ 画 プ ン び 味 猟
狩 険 ー 絵 び 撮 釣 ハ 悲 劇 的 り 釣 活 絵 猟
プ ジ リ ム リ リ ム り 釣 影 ー 読 魔 ン ジ 味
プ ハ ー 画 リ ゼ ハ ズ イ 撮 パ キ グ 者 著 味
品 書 物 園 法 ー 影 歴 史 的 ン 猟 グ ゲ 撮 撮
```

著者　　　　　　キャラクター
冒険　　　　　　読者
ページ　　　　　文学
コレクション　　関連する
二重性　　　　　小説
エピック　　　　シリーズ
書かれた　　　　悲劇的
歴史的　　　　　ストーリー
ユーモラス　　　ナレーター
発明

ク	写	ズ	写	興	リ	神	り	ジ	編	み	ラ	ジ	ゲ	レ	イ
ー	ロ	品	ク	ャ	イ	秘	撮	ル	ゼ	り	ダ	ャ	ー	陶	リ
世	ー	ー	書	法	猟	的	実	現	エ	ダ	シ	ゲ	狩	興	ュ
界	動	ャ	ン	編	喜	な	芸	活	絵	動	ロ	ル	撮	リ	ー
ク	イ	魔	絵	釣	シ	ゲ	ダ	イ	法	魔	ボ	陶	素	び	ジ
ラ	写	読	ャ	影	ハ	ン	グ	読	真	リ	ッ	ゼ	晴	読	ョ
ラ	真	ク	惑	星	デ	魔	品	品	レ	ダ	ト	ム	ら	興	ン
活	喜	書	ク	リ	ン	ィ	活	ズ	ハ	ラ	パ	り	猟	陶	
ジ	グ	猟	絵	絵	ャ	写	ス	画	画	園	り	技	レ	グ	
喜	狩	イ	み	ジ	ジ	ダ	ル	ト	ア	釣	ル	イ	術	芸	芸
ル	読	み	キ	エ	プ	グ	パ	活	ピ	未	来	的	ラ	シ	真
リ	み	釣	喜	ー	プ	爆	発	み	ト	ア	シ	ネ	マ	リ	絵
ー	書	籍	ズ	シ	ハ	ク	ハ	陶	ー	銀	シ	シ	釣	オ	火
ゲ	ハ	キ	編	味	品	び	芸	魔	ユ	河	ル	ク	ラ	び	ダ
品	ゲ	イ	影	味	写	魔	キ	ゲ	狩	編	芸	ー	撮	び	り
法	味	物	法	キ	読	動	物	画	物	画	ハ	虚	数	動	ャ

シネマ	オラクル
書籍	惑星
虚数	現実的
ディストピア	ロボット
爆発	シナリオ
素晴らしい	銀河
未来的	技術
イリュージョン	ユートピア
クローン	世界
神秘的な	

62 - Regenwoud

```
ゲ 苔 貴 グ 真 ク 猟 パ 尊 エ 園 ゲ 物 影 雲 キ
品 真 味 重 レ 写 物 ム 真 敬 品 グ ン イ シ ャ ン シ ゼ シン
シ ジ 読 園 読 品 影 読 ー エ コ 多 物 狩 シン 画
ダ 真 ズ 釣 ハ シ び ゼ み 法 ミ 物 様 活 性 狩 リ ハ
影 ャ 虫 避 難 エ ゲ 撮 猟 活 ジュ ニ レ 猟 味 影 猟
類 乳 哺 物 釣 ゲ 園 ゲ 活 魔 テ パ プ ル 影 絵 猟
生 存 種 び 活 ゼ エ グ キ グ ィ 先 住 シ リ ジ 絵 陶 ズ
両 釣 ゼ グ 植 物 ー 法 法 法 り 保 存 絵 園
気 ラ 味 ジ ダ 魔 リ み ゲ び 喜 ジ 民 エ プ ー 影
候 り 撮 釣 ー 編 シ プ び 喜 ジ 法 族 パ 復 元 魔
釣 パ 興 ル ダ 興 品 エ 動 画 ム り プ 活 び 喜 キ
読 ゲ 狩 ャ ズ 魔 魔 ラ ジ ム り ャ エ エ 陶 写 ジ
ー ゲ 味 読 ル 絵 真 ズ 真 鳥 写 び 画 興 工 影 品
写 写 ジ シ 味 ム み ー 味 写 び ル リ 陶 写 影 ジ 画
絵 ハ プ 写 ム 芸 ジ ャ ン グ ル リ 撮 シ ジ 画 り び
自 然 ム 影 狩 猟 パ 読 影 ジ イ イ レ り 画 び
```

両生類
保存
植物
多様性
コミュニティ
先住民族
ジャングル
気候

自然
生存
尊敬
復元
避難
貴重
哺乳類

63 - Haartypes

```
編 プ シ リ 魔 釣 編 短 ー ズ ズ ダ 編 ャ ル ジ
画 組 真 白 猟 シ パ い 喜 読 書 興 物 読 園 画
ル ジ ラ イ い 薄 り ズ ャ 味 パ 猟 パ 影 み カ
読 書 影 ム 厚 ー グ リ り イ 魔 味 エ 動 シ ー
法 品 影 ム 撮 読 パ 猟 グ 書 茶 色 び シ シ ル
び ン 釣 法 猟 パ り 書 ク 陶 陶 ダ レ 陶 撮 物
品 ゲ 書 陶 び イ ゲ ン ャ ル 写 カ ー リ ー ニ
イ 絵 ド ル み プ ャ 狩 パ 猟 ク 動 レ ル ィ ャ
プ 絵 ン ラ ャ 法 陶 芸 影 ャ 読 キ レ グ 書 シ
プ イ ロ 園 イ 喜 喜 エ 物 ジ レ 興 ゲ グ レ り
プ 編 ブ ソ フ ト 元 気 写 リ プ キ ー ル 頭 キ
グ 写 影 シ イ 有 ク リ プ 魔 み ジ 禿 三 皮 魔
法 ゼ 法 キ 動 色 絵 ク ハ 狩 り 魔 ム つ び 猟
ブ ラ ッ ク 動 魔 ャ 芸 影 活 シ 動 ル 編 真 ジ
物 ム ダ 法 味 ラ ラ 写 ク リ プ ル 法 み 読 キ
ャ ラ イ ク ャ イ 狩 園 リ 銀 り 動 興 影
```

ブロンド	グレー
茶色	頭皮
厚い	短い
ドライ	カール
薄い	カーリー
有色	三つ編み
編組	白い
元気	ソフト
シャイニー	ブラック

64 - Stad

```
書 店 猟 一 動 物 動 園 園 グ ク 活 影 書 影 ギ
花 芸 一 物 ハ ズ び キ 博 法 グ ズ 劇 場 市 ャ
シ 屋 プ 絵 真 ゲ 園 園 物 動 グ ベ 園 ダ キ ラ
シ レ ス 物 狩 狩 ラ ハ 館 画 写 ー 読 ー ラ リ
ャ パ ー プ 真 ゼ 診 療 所 学 校 カ 興 書 キ ー
ラ み パ 品 味 ラ ラ 狩 園 絵 ャ 読 リ 真 魔 み ズ
み ジ 物 喜 陶 シ 書 喜 イ ム リ 園 ー 味 陶 動 パ
ジ レ ー 喜 ネ 魔 ハ 興 芸 銀 プ 写 園 ャ 味 ゼ
レ 撮 マ 魔 び エ 真 大 行 空 ダ り み リ 興 ル
編 ゼ ケ 法 レ ジ パ ゼ 学 パ イ 港 み キ 品 味
リ 芸 ッ ト ハ 撮 パ 品 魔 ク ー 絵 撮 陶 品 影
真 び ト 編 ャ 絵 編 釣 興 編 み ン み ャ 画 レ
動 写 図 芸 ゲ グ 活 興 猟 ー ダ シ 物 絵 ク
パ 興 書 法 ダ ン 薬 局 ジ 動 ク び ク ジ 絵 絵 読
ダ 撮 館 ホ テ ル 絵 法 ラ 園 り ク ジ び ラ 品
店 写 ー キ 真 狩 り 真 び み 写 ス タ ジ ア ム
```

薬局	診療所
ベーカリー	空港
銀行	市場
図書館	博物館
シネマ	学校
花屋	スタジアム
書店	スーパーマーケット
動物園	劇場
ギャラリー	大学
ホテル	

65 - Creativiteit

```
り 絵 ー レ ゲ 画 ダ プ ラ 魔 プ プ 画 ン パ 書
エ 喜 自 ャ 写 味 影 ジ ゲ 物 イ 情 狩 ル 印 ゲ
ン シ 味 発 想 味 り 読 狩 ャ グ 感 釣 キ ク 象
び ャ ぐ み 像 ジ プ エ 芸 ダ 味 覚 魔 イ 真 ル
編 ャ 動 活 力 活 読 ア グ ム び ル 編 ジ ジ 信
園 品 園 パ 明 発 リ 編 イ 動 撮 写 み 表 ー 憑
喜 ク り グ 快 写 ン レ ス デ 興 ン 強 現 喜 性
イ 園 園 キ シ 園 喜 ジ キ 活 ア 園 度 撮 リ 動
ゼ 撮 ク 影 レ ン ハ ル ゼ エ 真 グ キ 流
ジ 活 イ ン ス ピ レ ー シ ョ ン 法 写 釣 キ 編
パ ク パ 活 喜 画 芸 グ 陶 画 エ ジ ズ ゼ 物 り
ラ 写 活 園 写 び グ ハ ビ 直 法 喜 品 影 喜 ク
り ン 画 ハ 芸 影 芸 影 ジ 感 ジ 読 ラ 芸 ズ 興
び 陶 ハ ャ キ 写 写 ゼ 釣 絵 パ 動 真 イ 園 猟
ゼ 味 ハ 劇 的 術 芸 猟 ン 画 像 芸 ハ ャ 書 猟
パ 喜 陶 エ プ プ 狩 物 ラ 影 レ 味 ハ プ 写 ャ
```

芸術的	強度
画像	直感
劇的	発明
信憑性	自発
感情	表現
感覚	スキル
明快	想像力
アイデア	ビジョン
印象	活力
インスピレーション	流動性

66 - Natuur

```
シ 物 ー ラ ジ ダ パ 美 し さ 園 喜 重 ハ 絵 絵
ェ 撮 芸 森 川 ト リ リ 撮 陶 読 ャ 要 ダ 動 シ
ル 芸 撮 ル 品 ロ ー 物 レ 影 書 絵 イ 写 ダ 園
タ ー 編 ゲ パ ピ ゲ ズ 陶 活 レ 陶 魔 ズ 味 撮
ー ル ハ ル ダ カ ハ 蜂 ー エ 真 ジ 動 興 パ ダ
魔 撮 穏 活 ー ル 猟 山 真 物 ハ 物 シ 書 葉 ゲ
品 ン 芸 や エ 真 味 キ 書 ジ 喜 品 雲 エ ー プ
ル ダ 陶 喜 か り ー 興 味 釣 レ び ー ゼ パ 影
ラ ー グ ズ 魔 ゲ 侵 ダ 魔 活 狩 サ ン パ グ
動 園 真 野 シ ダ 食 陶 動 氷 河 釣 味 ン ク 画 グ
的 読 イ 生 物 レ ル ジ リ イ 園 プ ム チ ュ グ
エ 読 ン 魔 エ プ 喜 動 物 北 極 ル 法 ア エ 芸
喜 キ 園 画 動 釣 ジャ 狩 レ 真 読 法 味 エ 芸
イ ン 動 ジ 絵 砂 ル ャ み 動 シ キ ダ リ 味 狩
霧 ダ ハ み 猟 漠 り パ シ 園 プ ャ ー 写 味
ダ ン 猟 ゼ 猟 ク 活 写 写 パ 影 ャ ハ 写
```

北極
動物
動的
侵食
氷河
サンクチュアリ
美しさ

シェルター
穏やか
トロピカル
重要
野生
砂漠

67 - Zoogdieren

```
影 編 法 法 活 撮 ク 法 ロ バ ハ 馬 う ー ラ ゲ
ゼ テ ビ ジ 園 ラ 編 撮 狩 ク 物 猟 さ レ ラ 陶
芸 ゲ ー ラ 喜 パ ラ 読 活 猫 品 真 ぎ 品 シ 興
グ 陶 バ ヨ イ ゲ 魔 編 陶 読 ズ 魔 シ 影 書 エ
猟 ゼ ー 影 コ オ 法 ン り リ 写 味 ル イ エ び
猟 狩 リ 象 ヤ ギ ン リ キ 陶 グ イ 陶 興 猿 グ
魔 プ ム 動 ゲ 画 ン 編 書 物 読 法 味 書 グ 物
法 読 り 喜 影 グ 読 狩 写 画 鯨 猟 書 味 ク ム
影 写 品 ム 法 り ャ ゼ グ ジ ゼ ク ル り エ ク
編 画 レ 狼 魔 編 ズ 写 味 園 シ カ ル イ 書 ゲ
法 シ エ 動 り 品 プ リ り み ジ ン メ ゴ 釣 物
書 キ エ 喜 り 動 陶 み 写 リ ダ ガ ャ リ リ ム
パ 書 活 写 ゼ イ 園 撮 ム 動 イ ル キ ラ ク 動
絵 品 シ 絵 ク ン り キ 魔 び 編 ー 真 ャ 品 影
ブ ル 狐 影 犬 リ り ク ン レ 園 品 リ レ 物 エ
読 パ 物 活 影 び グ ム ラ ゲ キ ラ 陶 魔 り 品
```

ビーバー	ゴリラ
コヨーテ	キャメル
イルカ	カンガルー
ロバ	うさぎ
ヤギ	ライオン
キリン	ブル

68 - Overheid

ダ	法	ン	編	ー	市	み	物	りゃ	等	平	ゲ	ム	ム	法
品	ハ	喜	ジ	園	民	ル	釣	猟	パ	ダ	和	活	撮	イ	活
自	由	読	動	利	権	動	ム	ス	ピ	ー	チ	写	り	写	絵
シ	芸	釣	ラ	法	み	グ	品	芸	絵	ダ	記	り	真	キ	ゼ
ン	ル	パ	み	陶	撮	ク	ゼ	園	狩	ー	ン	念	法	律	喜
ボ	リ	編	絵	釣	動	ラ	法	キ	ラ	リ	状	態	碑	み	シ
ル	味	絵	真	ゲ	政	動	グ	画	物	真	動	ム	活	活	品
味	ダ	ラ	ゲ	写	治	釣	国	真	品	芸	真	市	動	ジ	司
リ	プ	写	法	絵	プ	猟	家	魔	ゲ	義	主	主	民	議	法
ル	イ	狩	ラ	正	撮	画	読	園	影	物	味	法	ャ	論	み
撮	画	真	グ	義	グ	編	ゲ	味	ゼ	釣	イ	ゲ	物	ズ	ャ
ム	グ	物	ハ	魔	憲	び	編	ム	ク	ジ	パ	び	ハ	エ
み	ラ	ル	レ	ラ	ラ	法	ズ	ダ	プ	活	ム	イ	芸	み
イ	プ	動	り	イ	り	ラ	グ	品	書	ラ	エ	ム	釣	絵	画
味	プ	パ	撮	興	狩	ゼ	書	プ	ハ	ハ	ム	りゃ	ル	グ	園
ム	パ	み	興	び	編	ゼ	ル	レ	写	画	画	活	喜	ジ	物

市民権	国家
市民	政治
民主主義	権利
議論	平和
平等	状態
司法	シンボル
正義	スピーチ
憲法	自由
リーダー	法律
記念碑	

```
真 ジ 味 バ ス 絵 魔 ゼ パ ジ エ 編 ク ン キ 写
飛 行 機 レ い 画 品 書 ゼ ク ャ 狩 書 品 法 イ
ル ン 喜 園 か プ ク ジ パ ー ム 喜 読 ズ グ 動
読 バ 品 ン だ 撮 ラ 影 リ 地 ハ り タ イ ャ 魔
ト ラ ク タ ー タ プ コ リ ヘ 下 レ 興 び ャ 猟
ッ ャ ッ 釣 タ 写 ゲ 活 品 プ 動 鉄 ダ キ み 園
ケ キ ラ グ ー タ ー ク ス 写 ー び び ム 絵 ラ
ロ ン ト 読 モ ム 芸 シ ル 味 興 味 影 編 味 び
影 読 ン ン 物 救 パ キ リ ズ ク 動 ダ レ 編 ダ
キ 興 パ ダ パ 急 ル ゼ レ 書 み ャ 陶 写 魔 み
猟 み 動 物 味 車 パ グ 写 シ み ジ 動 シ 書 ゲ
ラ 法 ム 釣 狩 活 ラ り 絵 ラ 影 ゲ エ 物 味 画
フ ェ リ ー ー り 車 ゲ 編 味 列 車 品 動 活 ハ
喜 影 レ 画 自 転 車 ダ ボ パ 撮 絵 ジ ジ 潜 イ
喜 狩 品 編 編 シ ム 魔 撮 ー タ ク シ ー 水 編
ャ 芸 真 ズ 釣 真 リ ハ パ 撮 ト 魔 ム 読 艦 法
```

救急車	ロケット
タイヤ	スクーター
ボート	タクシー
バス	トラクター
キャラバン	列車
自転車	フェリー
ヘリコプター	飛行機
地下鉄	いかだ
モーター	トラック
潜水艦	

70 - Geografie

```
ャ イ ャ 法 エ リ パ ズ 猟 書 興 ン 物 市 釣 写
ク り 写 ラ 猟 海 編 シ ジ ゃ 喜 影 喜 ム 南 画
ダ び 編 撮 赤 一 洋 興 レ シ 画 ゼ 半 球 絵 味
ン 読 ャ 釣 ゃ 道 パ 撮 絵 り り ル ラ 魔 活 パ
び 活 ル ハ 陶 ア ト ラ ス 猟 エ シ ン ラ ー ダ
喜 陶 撮 魔 真 り 世 ラ 地 狩 ー み 喜 写 ラ 動
画 園 リ ラ 領 域 界 レ 陶 図 ゲ 絵 影 ダ パ ジ
み キ 書 絵 ク ー 真 ジ ク み み 画 芸 絵 画 物
興 釣 ダ 芸 狩 ン 影 喜 ゲ 芸 園 ダ 書 陶 ム 編
び 陶 影 読 編 画 物 川 狩 ゼ ー ャ 芸 ズ シ 喜
書 狩 撮 エ 北 味 ゼ 絵 芸 狩 釣 陶 ー パ ク 味
写 ズ エ 動 読 高 度 活 書 喜 キ び 写 喜 エ ン
動 魔 ラ ャ ム 猟 喜 芸 ラ ル 編 陶 ゼ ゲ 魔 ハ
子 午 線 ム 撮 興 興 法 ダ 緯 度 ク パ ム 喜 活
大 陸 法 写 園 び ダ 味 キ ハ 絵 西 品 グ 島 猟
編 国 真 物 読 山 ゲ 味 撮 動 レ エ 法 狩 ラ ゲ
```

アトラス	地図
緯度	子午線
大陸	海洋
赤道	領域
半球	世界
高度	

71 - Kunstbenodigdheden

魔	陶	釣	絵	真	ム	狩	キ	粘	絵	写	狩	絵	画	び	グ
ゼ	読	ブ	ラ	シ	興	芸	み	ム	土	影	真	写	グ	味	味
ジ	写	り	ー	活	芸	画	物	興	レ	品	ハ	興	影	パ	り
ラ	狩	イ	撮	り	ハ	ン	パ	イ	ズ	ル	活	ル	イ	レ	イ
シ	ル	ズ	ム	ム	園	狩	味	活	ル	ブ	ー	テ	シ	影	イ
写	ャ	絵	影	編	猟	喜	釣	パ	ゼ	水	彩	画	撮	ダ	ダ
魔	猟	書	エ	釣	絵	画	ャ	ゼ	ー	影	工	魔	リ	興	リ
物	塗	ゼ	書	撮	キ	魔	絵	プ	イ	ー	品	プ	興	ハ	法
り	料	ジ	興	絵	法	撮	読	猟	ン	釣	ダ	ー	物	写	イ
ラ	書	動	パ	ス	テ	ル	油	紙	ク	鉛	ズ	椅	炭	キ	編
消	し	ゴ	ム	ダ	釣	リ	書	活	芸	筆	レ	ラ	子	ー	レ
色	ク	エ	エ	り	イ	ク	画	芸	画	ク	釣	真	動	プ	真
写	ハ	味	リ	シ	エ	ア	イ	芸	グ	狩	ル	狩	動	画	興
味	ャ	び	み	読	り	キ	エ	グ	釣	撮	喜	絵	シ	キ	ゲ
カ	メ	ラ	味	ン	物	の	り	ダ	ジ	絵	絵	写	エ	芸	パ
創	造	性	書	撮	イ	ゼ	絵	興	ダ	猟	ダ	リ	興	シ	狩

アクリル	粘土
水彩画	のり
ブラシ	パステル
カメラ	鉛筆
創造性	椅子
イーゼル	テーブル
消しゴム	塗料
インク	

72 - Barbecues

読 物 品 喜 写 ル 品 シ ナ イ フ ン 味 ハ 猟 編
グ 家 芸 ラ プ ャ 編 ャ ジ ン ク 物 イ ハ ラ ハ
タ 食 族 塩 撮 撮 サ 動 イ 写 猟 パ エ 喜 釣 一
動 魔 エ ン 野 菜 ラ 真 レ 園 ャ ラ ゲ び 狩 園
レ キ 喜 喜 夏 ジ ダ 法 ム り 書 喜 興 ム 猟 ク
撮 キ グ リ ル イ ゼ エ パ 撮 興 猟 イ 活 シ ク
キ ー 活 ン リ ゲ 絵 ス ッ パ 法 絵 動 レ 陶 書
ホ 動 プ パ 写 撮 フ ォ ー ク コ ショ ウ グ ジ
魔 ッ 活 編 ー 法 魔 法 ル ソ プ ジ ム 招 影 園
絵 ゲ ト ク 書 写 玉 み フ キ び 陶 プ 待 ハ ハ
イ 動 書 写 ム 法 ね 真 釣 ク ム イ ー 味 影 り
画 活 真 キ ゲ グ ぎ ダ 猟 ジ ャ ダ チ ン ラ 陶
芸 画 猟 興 味 魔 陶 ト 書 ジ 写 ラ キ 撮 ラ 法
味 ハ ゲ 読 魔 ハ ラ マ グ ム 喜 イ ン ャ ラ 陶
ダ レ 魔 陶 飢 餓 ト 編 レ レ 編 読 リ 真 音
園 ズ 写 ゼ ャ ク ン 画 影 び 芸 写 狩 び エ 楽

夕食	ナイフ
家族	音楽
フルーツ	コショウ
グリル	サラダ
野菜	ソース
ホット	トマト
飢餓	玉ねぎ
チキン	招待
ランチ	フォーク

73 - Schoonheid

```
グ 香 り ダ イ 品 パ 優 動 び ゼ 味 影 ン エ イ
釣 味 物 ャ び 画 シ サ 雅 ズ り 書 絵 物 ム 興
シ 狩 一 興 リ ル 真 猟 一 釣 ゼ 画 動 陶 ズ み
一 み 品 ダ ジ ハ ム キ ラ ビ ハ シ び 写 味 ク
ゲ 影 魔 猟 色 物 物 み エ 釣 ス び エ り 撮 画
び ダ レ ハ 影 み 園 ゲ ラ 園 猟 ォ ム 味 ラ ン
読 園 園 ン 陶 エ マ ス カ ラ シ プ ト 物 レ ダ
エ レ ガ ン ト ス リ イ タ ス ャ ー ジ 味 エ 釣
活 芸 グ 動 リ リ ジ 芸 興 物 魔 グ ェ 陶 物 活
ラ り 釣 真 猟 魅 力 画 芸 喜 品 動 ェ 狩 エ り
グ ム は さ み ー ダ ク プ ゲ 喜 プ ニ 狩 製 狩
パ 興 真 書 パ 猟 読 ル キ 興 活 リ ッ 喜 品 ズ
プ レ ズ 園 ャ ゼ 喜 ズ 興 り 読 オ ク 喜 品 化 プ
シ イ 釣 ダ ル シ 紅 ズ ル ズ カ イ ル 化 粧 化
書 ゼ ク グ ク 真 芸 グ ハ び シ 狩 ー ル 肌 品 ル
編 猟 イ 動 狩 法 ー エ パ 喜 レ 鏡 動 ジ 絵 エ
```

魅力	口紅
化粧品	マスカラ
サービス	オイル
エレガント	製品
優雅	はさみ
フォトジェニック	シャンプー
香り	スタイリスト
カール	化粧

エ写書ダゼレャシ考ムハ園狩学ダパ
ン芸ン魔ルー書撮法古気象学物植リ
びン画釣物イグ画絵レ学会社鉱法釣
画狩び影喜物絵興活魔化質陶栄養園
ゲジパ活クルみイャゼハ読地読び絵
リ芸画影魔エび猟エロびプ物ーンエ
書エクゲククジグ真ボ喜キシ品写動
書読ゼ読真ゲゲズ編ッ品味芸法品ル
ゲ品ー書ャダリレズト写ー書クゼ物
ラ魔撮芸書ダレ猟園エルレー猟プ猟
パラキル猟ズ書り法学カび生ぜり芸
エ園ハムズラシ読ハ物味釣理法撮撮
ラキ味読解興心理学生猟園読ハルプ
み真天免キ剖ゲプーリリ狩釣ゼ猟ダ
味編文疫ルレ学化生狩狩影シ真ンラ
グ芸学学態生り味パ影熱力学経神り

解剖学	力学
考古学	気象学
天文学	鉱物学
生化学	神経学
生物学	植物学
化学	心理学
生態学	ロボット工学
生理	社会学
地質学	熱力学
免疫学	栄養

75 - Bijvoeglijke Naamwoorden

```
元書みプナ新ャダ画興園ャ釣園ピオ
気品写書ムチ着影書興クハ喜クュー
塩クズシ真空ュクリエイティブアセン
絵辛魔正常腹ダラ物釣書ゲ芸ダパティ
読魔いゲンクイ味ル狩書動釣ン真ッ
狩写読興法編リレ釣パギフテッドク
興動ル芸編活興読物写編読り芸ル陶
狩ム興編リダ狩物読喜ル園イ絵疲魔
魔釣グジ喜パャプ釣ゼ野生狩狩れ釣
面真ハ品みイ真魔劇品工猟キーた明
白キ猟ク園法魔キ的産生ダリイ釣釣
い味ー喜ーン味ン強味ン写誇エ説ハ
眠写シ狩絵喜猟猟い責任者りパダ影
いエ喜ジ陶読ーび園書びゼリ釣書品
でパルャララズみムりグ陶ダクグ影
す猟ジキ活ーみ品品品工りプエ読品
```

オーセンティック	新着
ギフテッド	正常
説明	生産的
クリエイティブ	眠いです
劇的	強い
元気	誇り
空腹	責任者
面白い	野生
疲れた	塩辛い
ナチュラル	ピュア

76 - Kleding

```
読 品 ブ 猟 キ 興 陶 読 ン イ ン ツ パ ダ 味
ベ ダ 写 レ 画 靴 フ ァ ッ シ ョ ン 物 ジ 帽
サ ル ジ び ス レ ク ッ ネ 園 法 グ ツ シ 子
ン 編 ト り ウ レ 撮 セ ー タ ー 絵 ン マ 絵
ダ ク ー ス ラ パ ッ 魔 品 ム 興 物 パ ー イ
ル 魔 コ カ ブ パ 画 ト ッ ケ ャ ジ 真 園 ク
魔 ャ 猟 ー 影 ム ム 読 画 画 真 法 画 エ ゲ
パ 動 ダ ト イ 狩 釣 レ り ズ ダ プ 撮 味 品
エ 物 ク み 陶 ゲ プ レ 法 書 ゲ 靴 魔 リ ラ
魔 ズ 読 絵 活 レ レ ジ 釣 釣 プ ハ 下 ゲ シ
法 魔 ズ 写 味 陶 影 ン み ル 品 シ ハ ゲ ン
ム 法 喜 ダ 園 シ ャ 興 ジ ジ ラ 写 グ 活 リ
ム ハ 釣 画 影 シ 猟 園 ル 撮 ー 喜 パ ー 品
エ 猟 影 影 編 活 ル ハ み ム ン 読 エ ャ ズ
ラ ハ 読 活 動 イ キ プ エ イ ム 魔 書 釣 絵
ハ ド レ ス 絵 み 喜 手 袋 グ エ プ ロ ン 釣
```

ブレスレット	パジャマ
ブラウス	ベルト
パンツ	スカート
手袋	サンダル
帽子	エプロン
コート	シャツ
ジャケット	スカーフ
ドレス	靴下
ネックレス	セーター
ファッション	

77 - Vliegtuigen

み	品	み	品	シ	影	品	編	キ	ゲ	高	さ	影	み	グ	書
釣	ン	動	真	パ	ク	喜	読	バ	ル	ー	ン	撮	魔	味	魔
品	猟	ル	レ	ゼ	釣	キ	陶	芸	パ	ジ	動	ゲ	書	ラ	ル
パ	イ	物	び	キ	法	ゼ	読	リ	グ	画	ン	ラ	影	ラ	絵
猟	リ	写	魔	物	真	絵	猟	雰	囲	気	エ	撮	影	釣	ダ
喜	プ	釣	活	ハ	リ	プ	ク	猟	エ	ト	び	猟	ク	品	レ
リ	ー	書	キ	味	ン	猟	画	書	ー	写	ッ	プ	ー	陶	芸
ラ	パ	動	影	狩	ダ	燃	影	絵	グ	釣	動	ロ	法	ゼ	品
釣	プ	シ	法	乱	流	料	設	計	ム	陶	真	ペ	イ	陶	パ
歴	史	写	影	プ	ク	狩	建	旅	降	下	ラ	イ	パ	パ	絵
写	レ	ク	び	編	ル	ム	喜	画	客	み	ゼ	パ	グ	ャ	魔
動	水	ル	プ	釣	ー	イ	喜	ン	キ	ゼ	ゼ	狩	方	パ	ゼ
着	陸	素	ゲ	活	ゲ	読	ー	り	レ	物	猟	絵	向	空	気
エ	絵	書	ー	物	ン	ム	ゲ	興	キ	ダ	画	読	ゼ	動	活
レ	冒	険	レ	絵	レ	ク	園	写	園	猟	画	シ	プ	興	ラ
味	キ	レ	品	ラ	ジ	味	猟	編	ク	法	画	ラ	影	喜	法

降下	空気
雰囲気	エンジン
冒険	設計
バルーン	旅客
クルー	パイロット
建設	プロペラ
燃料	方向
歴史	乱流
高さ	水素
着陸	

78 - Herbalisme

ハ	キ	ロ	法	ズ	ン	ル	興	魔	ル	パ	ル	絵	活	ー	芸
狩	読	ー	リ	キ	撮	ネ	芸	釣	興	セ	キ	読	興	写	興
ダ	ダ	ズ	タ	ラ	ゴ	ン	ゼ	釣	ゲ	リ	サ	フ	ラ	ン	ル
陶	ル	マ	釣	ャ	シ	ェ	ゲ	品	品	物	ャ	芳	ラ	ン	プ
リ	画	リ	緑	陶	り	フ	パ	質	イ	猟	品	香	シ	ゼ	ル
ム	エ	ー	芸	芸	魔	グ	ハ	読	レ	ム	芸	族	イ	ハ	芸
び	画	撮	タ	み	レ	ダ	グ	キ	み	活	ー	ダ	ハ	ハ	物
パ	陶	狩	撮	イ	活	書	書	ン	エ	物	り	絵	ム	ハ	影
喜	興	ル	陶	活	ム	ラ	ョ	ジ	ー	マ	真	真	絵	パ	エ
魔	り	園	ジ	陶	り	ー	ゼ	ゲ	影	シ	写	興	釣	グ	書
デ	ジ	料	理	庭	ニ	物	ク	釣	み	読	絵	活	影	編	猟
成	ィ	喜	園	ズ	ン	ン	猟	ジ	物	オ	園	ジ	編	ラ	興
動	分	ル	ジ	バ	ニ	味	花	釣	ク	レ	画	動	魔	ベ	み
ャ	活	ジ	読	プ	ク	陶	芸	画	み	ガ	法	真	法	ン	園
ズ	ジ	パ	物	魔	興	絵	影	ン	書	ノ	読	法	園	ダ	プ
編	写	ゲ	ル	ズ	動	興	画	編	ル	書	グ	写	ラ	ー	喜

芳香族　　　　　ラベンダー
バジル　　　　　マージョラム
料理　　　　　　オレガノ
ディル　　　　　パセリ
タラゴン　　　　ローズマリー
成分　　　　　　サフラン
ニンニク　　　　タイム
品質　　　　　　フェンネル

79 - Kracht en Zwaartekracht

```
影 ゲ ズ ゼ ャ り 編 釣 編 撮 パ 釣 び 芸 喜 り
品 時 ゼ 写 陶 狩 ル シ グ 活 魔 撮 ゲ イ ル ゼ
磁 ハ 間 び ズ ー 読 ゼ ル 画 リ 活 味 釣 ダ 園
ー 気 キ 興 ラ り り 速 芸 ゲ ハ ル ダ 書 ン ジ
ク 猟 み ダ ズ プ 法 度 撮 狩 興 サ ラ パ 書 り
軸 ゲ ゲ 喜 惑 ロ プ ラ セ ン タ ー レ 活 書 絵
物 釣 ム プ 星 パ レ ズ 圧 カ バ ニ 興 法 ル び
ハ 読 カ シ 園 テ び 法 法 軌 道 ユ み ラ 狩 プ
摩 擦 学 法 動 ィ モ 活 ク ズ 動 み 釣 ル ゲ ャ
ャ 撮 ゲ 読 釣 ズ ー 真 キ 書 的 影 響 拡 書 び
り ハ プ 重 書 狩 シ ン ハ り り リ み 張 書 レ
距 猟 法 さ ー プ ョ ジ ゼ み 陶 園 プ 真 法 リ
ー 離 プ ク リ レ ン 物 ジ び び 物 理 学 グ 書
ン み 影 陶 ク ク 園 み パ 味 イ 法 味 ジ 猟 活
び リ リ り 園 釣 ズ 撮 り ー 園 ム 発 ゼ ゲ 興
絵 園 ハ 動 キ シ イ 芸 ハ 真 品 び 見 ャ リ 興
```

距離	力学
軌道	物理学
モーション	発見
センター	惑星
圧力	速度
動的	時間
プロパティ	拡張
重さ	ユニバーサル
影響	摩擦
磁気	

80 - Het Bedrijf

ズ	物	書	ズ	陶	ダ	狩	書	活	喜	ン	影	喜	ク	画	興
狩	味	り	園	味	喜	ー	び	製	品	み	ハ	キ	芸	動	園
ク	興	ル	魔	ゲ	進	捗	ャ	影	ズ	影	芸	ゼ	エ	動	ジ
絵	シ	バ	ク	プ	単	位	賃	金	物	書	影	釣	イ	ル	物
ラ	プ	ー	品	興	レ	ハ	り	撮	味	撮	ム	猟	テ	ャ	ャ
ャ	ラ	ロ	編	影	ゼ	画	活	ズ	真	り	味	ィ	グ	喜	喜
業	界	グ	品	パ	物	ド	ン	レ	ス	ト	園	魔	ブ	魔	喜
り	パ	活	質	釣	可	能	性	テ	陶	リ	喜	動	ム	活	画
み	ク	革	み	ジ	釣	狩	ハ	芸	ー	ン	釣	動	パ	絵	動
ダ	魔	新	猟	工	陶	味	撮	パ	リ	シ	影	シ	リ	グ	猟
ズ	読	的	ク	興	真	味	ク	リ	ン	シ	ョ	リ	ラ	ル	シ
み	リ	ス	ク	味	評	グ	ゼ	ム	レ	リ	ン	ー	ズ	ー	り
編	キ	ネ	真	絵	判	決	定	影	ム	ー	品	園	ゲ	品	り
物	プ	ジ	エ	真	書	園	ダ	読	品	法	釣	釣	喜	編	収
雇	グ	ビ	レ	絵	ン	み	物	陶	グ	品	狩	グ	魔	興	益
読	用	投	資	ラ	撮	味	芸	ム	品	画	ル	品	ル	活	書

決定	可能性
クリエイティブ	プレゼンテーション
単位	製品
グローバル	プロ
業界	評判
収益	リスク
革新的	トレンド
投資	進捗
品質	雇用
賃金	ビジネス

81 - Rijden

```
釣 イ グ 撮 園 ラ ハ 猟 エ ク ッ ラ ト 交 味 品
ダ ズ シ リ シ レ 真 ハ 真 イ 物 イ 写 通 地 図
歩 物 プ ク 狩 品 み ダ 釣 ク セ 動 活 ト 園
パ 行 書 品 書 芸 ン 魔 写 み エ ン 燃 料 ン び
編 パ 者 ゼ キ 釣 ダ 品 写 真 ス 画 法 ネ ル 興
味 品 り 法 り リ グ び ダ 道 物 イ 画 編 ル ー
物 ー ラ 活 動 ラ 芸 リ 園 エ 興 安 車 ラ ャ り
ズ り 絵 陶 グ 喜 イ ク 喜 ゼ ハ 全 魔 書 活 グ
釣 物 ム 撮 真 事 影 イ 真 性 ガ 絵 画 危 険
物 び 陶 芸 ム 故 リ ク み バ リ 書 釣 レ 危 険
狩 警 察 撮 速 ジ み ス ト リ ー ト ク ー ジ
イ 動 芸 魔 度 ジ 陶 ガ ー ブ レ ー キ 品 ジ
ー グ ク み リ 興 物 編 ズ オ 芸 絵 パ タ 動 撮
ゼ 動 園 園 り リ ゼ 画 興 ゲ び プ シ 絵 ー プ
ラ 写 編 動 芸 編 絵 ゼ ハ ク 喜 ル シ ダ 猟 真
読 陶 物 絵 キ プ グ 撮 ゲ 品 ダ 絵 喜 絵 真 び
```

燃料	警察
ガレージ	ブレーキ
ガス	速度
危険	ストリート
地図	トンネル
ライセンス	安全性
モーター	交通
オートバイ	歩行者
事故	トラック

82 - Wetenschap

```
ム 園 ラ 方 法 ゲ パ ャ 化 園 観 ラ ゼ ラ 釣 真
品 み リ 撮 ン 写 編 動 学 読 察 ー 気 候 撮 芸
ラ レ グ 活 り 画 真 ー 薬 物 レ ク 釣 レ 陶 画
ゼ 喜 ャ 物 ク 魔 編 ズ 品 ゼ エ 猟 仮 エ り 生
パ 撮 品 活 魔 び 園 シ 物 理 学 び 園 説 法 物
り ダ リ 芸 ジ 物 法 芸 ラ 活 編 グ パ 影 影 み
イ 撮 釣 パ ズ 編 狩 編 び ハ ラ 法 喜 影 実 験
猟 エ イ イ グ 影 画 園 シ イ 編 影 釣 事 り
味 ム グ ズ グ ク 興 み み び 喜 イ 味 ズ ダ 魔
活 ム 品 物 ー ズ イ デ 味 活 影 ム ラ 自 然
り み り エ ダ 進 化 り ー ル ネ ラ ル 分 子 粒
動 写 び み 喜 ク 法 魔 タ 興 活 釣 原 活
び 編 ラ 研 活 重 写 ラ 絵 ラ 撮 ズ 書 ゼ 画
シ グ 興 究 力 品 キ 書 品 ハ レ 写
科 学 者 化 石 室 び 動 活 レ 動 興 動 喜 ジ
興 グ 法 ン ラ ク 陶 ル ゼ ラ 法 ム ゼ イ ン ラ
```

原子	研究室
化学薬品	方法
粒子	ミネラル
進化	分子
実験	自然
事実	物理学
化石	観察
データ	生物
仮説	科学者
気候	重力

83 - Natuurkunde

```
法 ン ユ み ル ジ 味 ダ ー キ 書 ャ 画 化 ゲ 真
ラ 影 ニ 陶 ム ゲ 写 動 エ ク 法 ャ ゼ 学 粒 子
ー 陶 バ パ ハ 芸 ゼ 写 芸 真 撮 ー ズ 薬 キ ズ
イ み ー 混 沌 カ 学 ズ エ み ン び 品 ハ イ ン
ガ ャ サ 密 キ 重 ゼ 園 ャ 猟 読 び ジ 芸 ン り
味 ス ル 度 電 法 撮 磁 気 ン ゼ ゼ 品 狩 イ 実
ゲ 猟 り 興 子 び プ ゼ 品 み 撮 イ ゲ ン イ 験
ゼ ゲ ャ グ 魔 狩 動 狩 画 ゲ 加 速 動 イ 喜 パ
猟 ン 法 び 品 ク 喜 撮 編 原 ン レ 陶 ゲ 喜 喜
イ 魔 ク ン ゲ 絵 ン 画 ャ 子 撮 物 ゼ 釣 理 論
速 度 ク 猟 陶 エ ン ジ ン 園 法 相 対 性 動 ャ
読 み 撮 み 狩 み ム 猟 ダ 興 プ り 絵 ダ 撮 陶
ク 分 式 ラ ル 撮 ム ハ 物 キ 法 ク 味 ル 喜 ゲ
陶 質 子 周 波 数 活 ラ 陶 リ 読 び 法 喜 興
法 量 猟 ジ 魔 グ ゲ ャ ズ ゼ 味 グ 法 釣 品 興
ゼ 画 読 興 動 興 写 ン ー プ ム み 釣 芸 品 芸
```

原子	質量
混沌	力学
化学薬品	分子
粒子	エンジン
密度	相対性理論
電子	速度
実験	ユニバーサル
周波数	加速
ガス	重力
磁気	

陶	撮	撮	魔	法	パ	エ	ダ	パ	喜	園	キ	プ	ラ	ジ	真
ャ	編	パ	真	イ	物	魔	ク	魔	リ	喜	物	絵	レ	物	動
イ	ゲ	プ	ー	ハ	ラ	狩	ズ	活	パ	読	陶	絵	シ	猟	狩
編	真	真	タ	カ	ト	ダ	エ	編	活	ハ	キ	物	園	編	影
陶	画	ル	ギ	釣	ッ	味	魔	ピ	釣	影	ラ	真	芸	編	撮
真	グ	法	ジ	撮	ペ	シ	ー	芸	ア	み	ン	ダ	ャ	ム	タ
興	ャ	物	法	ム	ン	撮	ョ	レ	書	ノ	ャ	陶	動	エ	ン
フ	ァ	ゴ	ッ	ト	ラ	ル	芸	ン	リ	ド	ン	マ	ジ	撮	バ
絵	ハ	バ	サ	レ	ト	ゼ	物	リ	ー	画	狩	び	撮	影	リ
猟	ー	ン	ッ	パ	動	ム	シ	オ	キ	ボ	興	喜	書	動	ン
物	モ	ジ	ク	真	陶	レ	ゼ	イ	物	ジ	ン	絵	ズ	プ	ジ
チ	ニ	ョ	ス	撮	レ	真	ク	バ	読	編	シ	ロ	味	絵	キ
ェ	カ	ー	フ	ル	ー	ト	ッ	ネ	リ	ラ	ク	ゴ	ト	オ	グ
ロ	マ	リ	ン	バ	び	読	書	リ	物	み	ド	ン	ズ	ー	パ
絵	シ	ラ	陶	キ	猟	み	ゼ	活	ゼ	ャ	ラ	グ	影	ボ	ラ
魔	芸	写	シ	り	ハ	ム	編	グ	り	グ	ム	ク	り	エ	リ

バンジョー	マリンバ
チェロ	ハーモニカ
ファゴット	パーカッション
フルート	ピアノ
ギター	サックス
ゴング	タンバリン
ハープ	トロンボーン
オーボエ	ドラム
クラリネット	トランペット
マンドリン	バイオリン

85 - Antiek

```
キ 釣 ハ 動 ダ ル 競 物 書 影 ャ ジ シ リ 狩 ズ
ム ク ク ャ 画 ズ 売 魔 陶 編 写 り ギ ム ラ グ
り 法 真 投 レ イ リ 撮 写 家 具 写 絵 ャ び グ
り ハ ム 資 復 キ 絵 イ み 興 釣 書 喜 ラ 彫 ズ
読 猟 イ 芸 元 釣 編 編 物 ダ ク 猟 イ リ 刻 ル
絵 編 味 プ 絵 グ り グ 狩 物 シ 影 ャ ー ズ 釣
影 読 画 ハ ル ル 写 ラ 編 レ イ 品 芸 グ キ ゲ
ト ン ガ レ エ ラ ラ エ 活 読 動 園 魔 法 世 興
ス タ イ ル 珍 レ 猟 書 品 園 品 画 シ 喜 紀 ゲ
り キ 物 コ 活 し ラ 物 古 い ゼ 編 シ ャ 値 芸
活 園 シ 釣 パ 書 い パ 園 ア 撮 編 キ 影 園 釣
グ 愛 キ ー 価 ダ シ 編 書 ー 猟 撮 動 書 園 エ
キ 好 品 質 ー 格 動 ル 園 ト 絵 レ ー レ ャ 絵
リ 家 物 釣 ズ ズ キ 喜 シ 釣 画 品 真 装 写 味
オ ー セ ン ティ ッ ク 絵 り 活 み グ 飾 み 法
ダ 園 狩 撮 影 キ 写 絵 絵 品 動 写 エ ハ イ 絵
```

オーセンティック	家具
彫刻	コイン
装飾	珍しい
世紀	古い
エレガント	価格
ギャラリー	復元
投資	絵画
アート	スタイル
品質	競売
愛好家	

興	み	バ	キ	み	園	写	ダ	ー	ク	水	泳	真	真	ー	猟
ャ	イ	ス	ー	ャ	芸	写	絵	釣	写	び	ゼ	ク	釣	び	グ
び	趣	ケ	レ	法	ン	シ	陶	ゼ	活	イ	パ	グ	ン	味	写
絵	味	ッ	プ	真	ム	プ	園	り	編	狩	ダ	真	ゲ	狩	ク
画	真	ト	パ	動	テ	園	品	撮	り	読	法	画	撮	ボ	レ
撮	ゲ	ボ	ア	ー	ト	ニ	キ	シ	エ	グ	品	ク	ジ	ク	ダ
レ	ャ	ー	カ	ッ	サ	魔	ス	ク	ッ	ラ	リ	ジ	ゼ	シ	イ
り	パ	ル	ー	ボ	ー	レ	バ	ジ	ズ	ゲ	び	エ	り	ン	ビ
ハ	イ	キ	ン	グ	り	ジ	び	ル	読	影	ハ	喜	興	グ	ン
動	魔	喜	物	品	ン	ハ	ク	み	ャ	グ	活	ン	陶	撮	グ
ハ	喜	ダ	狩	猟	釣	シ	び	園	リ	イ	狩	動	猟	絵	狩
ゲ	園	イ	物	パ	プ	動	ー	活	び	イ	ン	狩	魔	画	り
グ	み	芸	ダ	芸	ズ	イ	ャ	レ	絵	ー	ラ	味	画	絵	画
ゴ	ル	フ	園	プ	芸	リ	み	シ	旅	画	パ	狩	グ	釣	活
写	ハ	ゼ	び	ー	動	法	味	陶	行	野	球	ハ	グ	り	シ
サ	ー	フ	ィ	ン	読	ジ	活	シ	真	ン	魔	ゲ	狩	園	ゲ

バスケットボール	レーシング
ボクシング	旅行
ダイビング	絵画
ゴルフ	サーフィン
釣り	テニス
趣味	園芸
野球	サッカー
キャンプ	バレーボール
アート	ハイキング
リラックス	水泳

87 - Water

灌 ム ム 狩 真 シ 法 ジ 度 編 釣 影 プ 書 猟 ム
蒸 漑 氷 動 ジ 猟 活 芸 湿 った 編 味 活 画 編
気 間 欠 泉 ジ 書 陶 園 ャ 園 海 洋 ク 味 ル 動 ク
写 物 活 読 り グ ラ 釣 魔 キ 川 編 グ エ ジ 書
イ グ 品 活 び み 雪 一 画 リ 陶 ゲ 味 シ 狩 ゼ
喜 魔 霜 動 イ 絵 猟 ジ レ 真 読 物 シ 魔 興 ム
一 撮 蒸 発 イ 絵 プ 洪 影 水 分 興 キ ラ 味 び
読 ン 影 ク 影 真 ズ 写 水 グ 書 ダ び 撮 動 陶
画 猟 プ グ ゲ ラ キ リ 喜 レ ラ び 影 ャ 波 ゼ
ゼ リ り 物 味 び 撮 プ パ ハ 画 ム エ プ イ 芸
ハ リ ケ ー ン ジ 書 ズ 狩 り 園 び イ ズ 湖
ク ハ び ワ ー 書 ン 書 シ 喜 シ び 法 リ ゲ 園
読 真 ゼ ャ ス イ 書 グ 画 ズ 画 レ ム 書 書 陶
真 影 品 シ ン 影 ル 真 一 パ ム ゲ リ ゲ 喜 ゲ
り ル 運 品 モ ラ ク み 物 レ 園 園 グ 芸 芸 品
り パ 猟 河 活 エ み 味 動 動 キ 雨 喜 品 ク キ

シャワー	洪水
間欠泉	蒸気
灌漑	蒸発
運河	水分
モンスーン	湿った
海洋	湿度
ハリケーン	

88 - Schaken

```
パ プャ 影 ク 犠 牲 ハ 喜 ジ イ ク 物 興 ズ 陶
物 ゼ 釣 プ ラ 写 ゼ 撮 ラ 喜 み 書 影 味 一
み 読 動 グ ル シ 陶 写 陶 猟 陶 撮 法 工 物 狩
パ ッ シ ブ 相 手 書 狩 び ャ エ ゼ 写 魔 り ャ
芸 活 ゼ 狩 興 活 プ ャ イ 学 画 狩 レ 釣 ゲ ズ
物 戦 ゼ 女 王 味 物 シ プ 影 ぶ 味 ム 法 ブ 興
ク 略 イ エ み エ 課 題 ハ ラ 喜 た 味 プ ラ 真
写 ク プ 法 物 影 コ 読 ゼ ゲ 芸 味 め ダ ッ ジ
活 対 ダ ャ ク 園 ン オ ピ ャ チ に ク 味
法 角 喜 活 キ 画 書 ル テ 編 動 魔 味 シ 撮 ズ
時 り 編 キ 狩 レ み 活 魔 ス 賢 い ム ゲ ゲ 猟
間 ダ プ ン 物 白 み ク ー 読 ト ン メ ナ ー ト
び 写 レ グ ル 魔 ン 書 ク ン キ ラ 法 読 ム
ラ 画 ー 絵 ー 釣 興 ゲ 影 真 イ 画 魔 興 狩 ム ム 画
読 釣 ヤ 興 ル 画 ジ ー 興 ム ポ ー 物 写 真 画
編 プ ー 影 ハ 物 園 ム 法 読 陶 グ イ 魔 法 品
```

対角	ゲーム
チャンピオン	プレーヤー
キング	戦略
女王	相手
学ぶために	時間
犠牲	トーナメント
パッシブ	課題
ポイント	コンテスト
ルール	白い
賢い	ブラック

89 - Boerderij #1

シ	喜	馬	ン	興	ジ	ク	蜂	み	ヘ	イ	群	ゲ	絵	喜	陶
猟	品	水	グ	猫	ラ	シ	蜜	園	り	ハ	れ	魔	イ	絵	画
ハ	味	ャ	魔	喜	ル	影	読	ル	パ	び	釣	ラ	動	魔	写
ン	ジ	園	興	ゼ	リ	真	真	ダ	キ	エ	陶	編	猟	真	び
ロ	バ	レ	ン	画	ゼ	編	一	撮	猟	書	書	釣	魔	園	ク
ゼ	品	撮	レ	ゲ	活	キ	エ	写	興	喜	ム	イ	種	真	写
魔	ム	ハ	牛	ふ	く	ら	は	ぎ	活	写	ル	子	ム	法	ハ
品	フ	肥	撮	ズ	書	農	物	ャ	絵	ン	ー	グ	ャ	影	り
ラ	ィ	芸	料	真	撮	業	ハ	ハ	品	ダ	エ	リ	動	エ	陶
物	ー	ル	編	園	釣	陶	チ	キ	ン	ズ	プ	園	物	工	り
ジ	ル	魔	パ	写	活	芸	絵	真	シ	ハ	グ	園	グ	り	カ
猟	ド	犬	芸	狩	動	パ	パ	芸	釣	編	喜	物	ラ	ク	ラ
リ	米	陶	り	物	レ	み	ジ	び	影	園	味	芸	影	ム	ス
動	ャ	芸	ジ	陶	プ	ゼ	絵	画	絵	ム	撮	ム	ゼ	ゲ	ン
ン	動	陶	ヤ	エ	真	レ	ラ	パ	画	ズ	絵	興	画	エ	フ
影	リ	ル	キ	ギ	猟	プ	ダ	園	品	イ	パ	ゼ	釣	猟	フ

ロバ	カラス
ヤギ	群れ
フェンス	農業
蜂蜜	肥料
ヘイ	フィールド
ふくらはぎ	種子
チキン	

90 - Huis

```
画 図 レ 真 ャ 品 ク ハ ク パ 園 書 物 喜 写 パ
び グ 書 編 ほ 狩 画 び 釣 読 家 具 暖 ム 書 法
味 プ 部 館 う ダ ム レ 釣 リ 味 炉 陶 魔 芸 物
ャ 動 屋 撮 き エ ハ ガ レ ー ジ ー 絵 芸 り イ
イ 釣 ャ 編 ダ 写 寝 影 イ 画 園 芸 猟 魔 ャ 影
猟 び 法 法 リ ダ 写 室 品 画 猟 イ ラ 魔 レ 芸
動 グ 興 ャ 写 天 釣 キ キ 庭 ダ シ 真 ル 狩 シ
イ 編 物 狩 イ 井 ラ リ 画 動 ダ ャ 撮 ン 園 ャ
び 撮 陶 物 編 ム 書 ャ 園 ジ エ ン レ イ ル ル
壁 陶 地 下 グ ラ 釣 ラ ズ パ ダ リ ダ ー ダ 味
ル ゼ シ ズ 屋 根 書 キ ク グ 興 ラ 編 書 読 猟
煙 突 ャ 狩 エ プ ズ ッ レ 影 エ プ 魔 ム ン 動
陶 プ ワ フ ェ ン ス チ 陶 ク シ 書 魔 ゲ 写 ャ
パ 編 ー ド 魔 ラ ゼ ン 釣 喜 ー リ リ ジ ー 喜
影 編 絵 ア 画 魔 芸 動 ダ レ 書 喜 編 ラ 写 ハ
ズ 釣 シ 動 読 ジ ル 鏡 び ジ 絵 ダ ジ グ 興 ハ
```

ほうき	地下
図書館	キッチン
屋根	ランプ
ドア	家具
シャワー	天井
ガレージ	煙突
暖炉	寝室
フェンス	ラグ
部屋	

91 - Geometrie

```
表 魔 シ 活 ン ゲ 物 釣 狩 陶 方 読 写 ゼ 芸 編
レ 面 影 法 り 猟 レ 書 ム 喜 程 狩 画 リ ゼ 法
画 真 写 レ ー ム び イ パ み 式 法 画 プ プ ー
曲 線 ジ ラ ン プ ハ グ 動 み グ 喜 法 グ 猟 猟
レ ハ ハ レ 魔 影 ハ エ プ 法 喜 写 水 ラ ン 円
絵 影 興 喜 活 品 次 味 ジ パ レ 垂 直 平 園 ク
法 理 論 中 央 値 元 エ ャ ゲ 度 物 真 み 質 量
グ 芸 セ グ メ ン ト グ 割 三 角 形 ン ゲ ム 径
ラ イ パ 猟 ゲ 画 ン ャ 狩 合 ゼ 興 ャ ズ 直 写
グ 釣 ン び レ ゼ グ プ シ プ 喜 読 レ 芸 ダ ャ
ラ ハ 絵 活 狩 ャ 影 絵 陶 味 釣 真 論 真 高 ゲ
ズ シ ル り 写 エ ー 画 プ ダ シ 論 理 さ イ 絵
動 園 グ み 読 園 味 ジ パ 計 ゲ イ エ 味 み ジ
平 行 ャ プ ク み 味 動 ラ 算 ズ 品 ズ 味 シ 興
真 物 対 称 喜 品 ム 猟 法 影 シ ム 園 品 編 ャ
活 リ 猟 陶 品 撮 画 ジ ゼ グ 写 ダ 釣 ャ
```

計算
曲線
直径
次元
三角形
角度
高さ
水平
論理
質量

中央値
表面
平行
割合
セグメント
対称
理論
方程式
垂直

92 - Jazz

レ	技	術	有	び	古	法	ル	撮	活	ハ	味	リ	コ	ン	び
プ	味	園	エ	名	狩	い	ム	撮	園	キ	ズ	撮	ン	撮	活
ジ	法	画	ラ	ル	な	グ	即	興	リ	味	り	み	興	サ	レ
画	パ	ム	真	み	エ	法	パ	魔	り	グ	ゲ	興	ー	ハ	ラ
ジ	真	ゼ	レ	パ	ャ	法	グ	プ	歌	ー	猟	魔	ト	画	芸
り	び	ラ	品	レ	影	み	園	ア	ー	ティ	ス	ト	才	猟	能
法	編	新	着	プ	リ	ハ	ゲ	園	園	イ	ン	ャ	ジ	物	ラ
り	ー	着	喜	り	ラ	ム	味	動	物	ル	シ	園	ャ	芸	グ
絵	ゲ	興	ク	ゼ	プ	書	魔	イ	ダ	タ	猟	書	真	パ	味
ラ	撮	ク	ゼ	ン	芸	ハ	リ	オ	ー	ケ	ス	ト	ラ	作	ズ
編	活	ズ	ン	撮	ゼ	ズ	芸	グ	狩	陶	エ	グ	曲	ャ	味
ャ	グ	物	ズ	ル	プ	ム	真	パ	動	魔	ム	喜	家	魔	び
お	気	に	入	り	ハ	ャ	バ	ハ	物	ズ	パ	ク	り	釣	狩
強	読	狩	ャ	び	動	喜	物	ル	書	音	品	ン	絵	真	拍
調	り	編	写	喜	画	ク	ダ	真	ア	楽	ク	ム	絵	ズ	手
ム	真	ジ	ハ	シ	構	成	読	喜	ゼ	撮	ク	狩	キ	書	

アルバム
拍手
アーティスト
有名な
作曲家
コンサート
お気に入り
ジャンル
即興
音楽

強調
新着
オーケストラ
古い
リズム
構成
スタイル
才能
技術

93 - Getallen

ャ	画	絵	ク	真	猟	エ	グ	法	物	ハ	シ	五	十	ジ	リ
び	キ	セ	ブ	ン	ィ	テ	ン	ブ	セ	写	真	ニ	三	グ	グ
影	り	レ	八	影	写	喜	釣	真	法	写	法	四	興	ク	イ
グ	魔	び	猟	書	編	ム	喜	ゲ	ル	イ	シ	十	シ	物	エ
エ	ジ	ル	書	ダ	ー	法	味	リ	ク	エ	猟	撮	編	み	活
ン	狩	パ	ー	ゲ	ゼ	レ	び	ダ	読	ゼ	ク	写	ー	興	み
写	み	六	猟	ン	喜	物	影	ャ	ジ	陶	ゼ	ニ	読	味	真
キ	魔	十	グ	影	ル	ー	び	イ	シ	ル	十	品	動	キ	
写	ゲ	ム	画	喜	ジ	味	魔	影	品	ャ	狩	八	ダ	編	絵
撮	真	五	品	プ	ン	ャ	芸	釣	撮	ダ	ズ	ゼ	十	絵	陶
猟	画	釣	ャ	真	ル	狩	写	リ	ー	釣	ゼ	ン	釣	九	イ
品	ゲ	法	パ	陶	絵	味	画	ャ	リ	ク	み	キ	魔	猟	リ
ジ	パ	味	り	味	喜	園	味	絵	シ	キ	喜	ズ	パ	プ	ゼ
読	ズ	物	読	品	エ	み	猟	ク	活	品	芸	撮	ゲ	園	ン
興	イ	画	エ	レ	ゼ	リ	ハ	ラ	芸	芸	読	魔	写	パ	シ
パ	ゼ	絵	ダ	ャ	レ	真	狩	釣	ー	キ	ー	味	ジ	ダ	撮

十八
十三
十九
ゼロ
十二
二十

十四
十五
十六
セブン
セブンティーン

94 - Boksen

ズ	園	リ	喜	リ	グ	魔	味	レ	レ	ベ	釣	真	ー	ハ	真
喜	ゼ	ラ	ク	キ	芸	釣	魔	写	編	ク	ル	狩	狩	写	キ
ポ	イ	ン	ト	ク	ス	疲	れ	た	グ	書	編	物	活	ャ	リ
ジ	画	ゼ	ゼ	興	読	キ	グ	影	ャ	キ	エ	び	影	絵	リ
物	釣	物	影	シ	釣	ク	ル	び	エ	喜	み	ジ	動	パ	パ
ズ	真	写	キ	ム	釣	キ	エ	び	真	体	狩	撮	読	ハ	釣
書	釣	り	ゲ	ー	シ	ゼ	シ	ズ	絵	法	ル	パ	品	リ	釣
シ	ラ	グ	肘	フ	ォ	ー	カ	ス	品	猟	審	ン	写	ゲ	法
編	戦	プ	撮	動	喜	編	ャ	イ	怪	読	読	判	釣	ゲ	写
興	闘	レ	ズ	興	ル	ハ	真	イ	我	ダ	ク	狩	狩	拳	品
び	機	法	ダ	パ	手	パ	物	ゼ	画	パ	陶	シ	ダ	キ	陶
強	さ	ロ	物	猟	袋	ラ	ゲ	絵	ク	み	興	画	ー	ゼ	ダ
ゲ	顎	ー	レ	回	シ	り	陶	読	レ	レ	真	イ	ダ	キ	相
キ	写	プ	ゲ	復	活	法	狩	ジ	グ	び	釣	芸	ラ	釣	手
法	品	興	絵	ゲ	ク	ル	ズ	ジ	グ	イ	猟	編	ゼ	ム	法
猟	イ	芸	グ	キ	ッ	ク	読	コ	ー	ナ	ー	グ	ク	法	編

フォーカス	キック
手袋	相手
回復	ロープ
コーナー	疲れた
ベル	スキル
強さ	戦闘機
ポイント	怪我
審判	

95 - Boerderij #2

プ	読	読	真	キ	子	法	オ	ン	プ	画	ズ	読	撮	活	動
ク	ク	画	い	飼	羊	魔	ツ	ー	ル	フ	納	猟	狩	興	ゲ
ク	釣	撮	魔	活	真	ラ	キ	コ	チ	味	屋	真	ク	法	味
ミ	ル	ク	喜	ジ	り	猟	レ	グ	魔	ャ	品	ム	エ	ハ	牧
陶	味	ラ	ゲ	読	活	撮	芸	リ	リ	ー	陶	灌	漑	編	草
ジ	小	マ	陶	プ	キ	リ	エ	魔	ー	芸	喜	ド	ン	興	地
品	麦	園	ハ	エ	ル	品	ズ	陶	風	車	魔	ン	ー	編	編
動	イ	ャ	キ	影	魔	び	真	ダ	法	ゼ	芸	ム	ア	ト	み
ー	物	野	猟	物	動	魔	影	ク	プ	味	魔	ヒ	ラ	物	レ
シ	ク	菜	ャ	芸	編	編	喜	魔	み	味	ン	物	ル	ク	ャ
み	ク	オ	法	ゲ	物	園	シ	パ	ー	ズ	園	レ	レ	タ	ム
真	写	み	オ	ゲ	物	狩	品	園	ズ	法	キ	陶	興	ー	撮
真	活	パ	ム	ム	ゼ	猟	味	法	陶	法	蜂	み	陶	園	芸
書	プ	写	レ	リ	ギ	狩	ャ	リ	ゼ	品	の	み	プ	園	物
陶	ゼ	農	家	釣	狩	書	読	ン	ー	活	巣	活	レ	陶	喜
ン	物	読	影	狩	ャ	猟	猟	撮	ラ	興	品	動	り	喜	活

蜂の巣　　　　　　　　　子羊
農家　　　　　　　　　　ラマ
オーチャード　　　　　　コーン
動物　　　　　　　　　　ミルク
アヒル　　　　　　　　　納屋
フルーツ　　　　　　　　小麦
オオムギ　　　　　　　　トラクター
野菜　　　　　　　　　　牧草地
羊飼い　　　　　　　　　風車
灌漑

96 - Psychologie

```
思 い 出 問 題 読 感 ズ ダ び 法 品 影 味 び ム シ ズ 活 キ パ エ
興 物 リ ゼ ン ダ 覚 芸 ク 夢 ズ グ 撮 ル 物 ズ 猟 プ ム 読 行 動
芸 ン 読 ン 影 プ シ ラ イ び ラ プ 興 味 興 プ イ ゲ イ ル キ 影
狩 芸 物 ゲ ラ イ 園 物 撮 リ 魔 味 現 編 芸 ゲ ャ ズ 味 キ ャ 興
り ゼ 絵 物 ゲ 絵 真 画 評 陶 撮 実 真 イ 狩 イ レ 味 品 シ イ シ
ル 真 法 ゼ び ゲ レ レ シ 価 撮 み 影 ル ゼ ル ダ 品 書 び レ
味 経 真 興 ン ム リ び 釣 撮 興 味 味 キ 園 ム ム 影 レ ク
子 イ 験 釣 編 リ び 味 認 り 読 イ 狩 ゼ 狩 品 読 シ
写 供 キ 写 パ ダ ル 品 知 ハ 猟 芸 ゼ レ 画 書 影
プ ャ の 影 治 ア び り 覚 読 魔 編 園 ダ ム ゲ
興 び 興 響 療 イ 思 パ 猟 キ み 画 狩 ム 影 シ
撮 無 ゼ 頃 感 猟 み 考 魔 芸 グ 撮 読 ム び
び 意 グ リ 情 活 猟 興 み ゲ ズ ゼ イ 法 レ ク
自 識 グ 芸 物 キ 猟 写 グ ゲ ゼ 狩 園 読 ム 影 シ
魔 我 撮 画 ン 床 興 釣 ル ハ イ 読 法 ム 影
プ 喜 撮 対 臨 ア ゲ 興 グ ゼ 絵 釣 活 法 ゲ 影 シ
```

評価
無意識
認知
対立
自我
感情
経験
思考
行動
感覚

思い出
アイデア
影響
子供の頃
臨床
知覚
問題
現実
治療

物 ゲ ャ プ 影 エ プ 読 猟 ズ プ 狩 ジ ャ ズ キ
ー 興 喜 プ 魔 場 ー 興 写 キ 活 真 狩 編 融 り
ダ 陶 パ プ 写 シ 味 撮 物 会 ル 釣 お 金 画 び
み ズ プ プ み ー 従 園 興 社 ゼ 利 画 魔 ジ ジ
ャ ジ 動 ン 動 絵 業 ム エ 法 ジ 益 エ 芸 び び
み ジ 絵 ダ シ ー 員 絵 ラ ラ 書 品 ン ル 味 味
ラ 芸 陶 パ 読 読 写 猟 編 品 真 味 エ ズ 物 物
リ エ 撮 画 読 ジ 影 釣 芸 リ 写 税 金 動 イ イ
品 ム 画 ズ 猟 園 猟 絵 読 ム 税 リ ム 画 画 画
オ フ ィ ス 芸 動 活 狩 ゼ 活 ゲ 芸 ハ 活 ャ 活
経 販 売 み 撮 芸 魔 物 画 雇 法 芸 シ 画 パ シ
キ 歴 経 算 学 動 写 取 工 用 費 投 画 エ ハ ャ
イ 予 算 所 得 ズ ゼ 引 割 者 真 資 エ ハ 写 パ
ダ 読 狩 ゲ 猟 喜 パ 味 店 グ 活 ム 画 ゲ 写 影
活 び ゼ 園 狩 ゲ ン 真 貨 書 画 ゲ グ 写 影
リ 狩 ク 園 ル イ ズ 写 書 物 釣 真 ゼ ズ 画 影

会社
予算
税金
経歴
経済学
工場
金融
お金
所得
投資

オフィス
割引
費用
取引
通貨
販売
雇用者
従業員
利益

98 - Voeding

炭	動	ー	ム	猟	ラ	シ	イ	陶	ゲ	味	み	エ	ズ	キ	写
画	水	エ	猟	ン	ハ	リ	ン	元	気	液	体	ー	キ	イ	写
法	真	化	品	魔	動	園	興	リ	ル	興	み	グ	活	釣	釣
味	味	消	物	喜	真	キ	ン	猟	狩	品	法	味	ャ	絵	喜
リ	活	ゲ	キ	シ	ジ	写	ラ	画	興	ビ	タ	ミ	ン	発	エ
画	リ	品	シ	芸	書	狩	び	陶	び	レ	み	ゲ	ム	酵	魔
品	釣	ゼ	ゼ	編	り	味	パ	陶	リ	猟	ダ	ダ	喜	画	物
物	び	苦	ゲ	物	ム	芸	釣	品	質	ダ	キ	カ	ロ	リ	ー
食	用	い	真	ャ	釣	編	ゼ	ー	猟	ク	活	健	画	魔	イ
狩	ラ	写	ラ	ル	ル	び	グ	影	リ	写	パ	法	康	プ	レ
シ	喜	シ	影	ゼ	猟	リ	毒	素	ャ	リ	グ	ン	猟	活	り
バ	陶	レ	活	ダ	編	工	釣	養	陶	ジ	プ	園	タ	画	味
ラ	食	欲	ム	活	狩	陶	活	栄	イ	芸	ラ	影	ソ	ー	ス
ン	物	重	ダ	活	狩	活	味	園	活	狩	興	ズ	レ	画	絵
ス	撮	さ	写	品	猟	ズ	狩	魔	絵	ズ	ャ	味	プ	書	魔
び	グ	動	ル	ム	園	動	喜	ク	び	ダ	イ	エ	ッ	ト	活

苦い
カロリー
ダイエット
食用
食欲
タンパク質
バランス
発酵
重さ
元気

健康
炭水化物
品質
ソース
消化
毒素
ビタミン
液体
栄養素

ル	ア	酵	書	パ	ム	液	法	編	り	ラ	活	ハ	書	撮	パ
レ	ル	素	炭	写	影	体	グ	み	ル	ズ	ハ	ゼ	喜	プ	編
写	カ	塩	真	興	ム	り	画	写	芸	活	絵	エ	プ	ン	シ
ム	リ	温	グ	狩	レ	ン	イ	画	ジ	物	び	興	ン	リ	活
ン	性	度	真	興	ズ	キ	ズ	喜	ー	分	猟	絵	プ	影	シ
動	画	物	動	喜	キ	活	エ	リ	ク	子	興	画	リ	ム	活
陶	イ	画	品	品	絵	魔	狩	ジ	ラ	釣	ゲ	物	味	イ	影
ガ	喜	興	ル	ハ	活	動	編	活	パ	パ	興	プ	物	読	ム
ム	ス	塩	影	書	絵	電	子	リ	重	さ	猟	書	プ	ハ	イ
グ	動	ダ	喜	陶	魔	魔	画	パ	品	活	写	活	ハ	ム	読
絵	反	応	ャ	陶	ズ	陶	ゲ	動	興	水	レ	味	ゲ	有	書
活	ゼ	ゲ	物	ゲ	ク	撮	活	ゲ	金	媒	素	品	ム	機	有
ダ	び	釣	ゲ	ー	リ	活	読	イ	物	属	酸	動	園	狩	キ
熱	喜	写	り	リ	ゼ	真	シ	オ	釣	ゲ	写	ズ	読	陶	キ
味	真	釣	ン	物	興	影	影	ン	魔	ゲ	酸	写	写	陶	編
狩	味	ム	クル	ル	リ	喜	ジ	絵	パ	活	レ	ラ	動	キ	編

アルカリ性
塩素
電子
酵素
ガス
重さ
イオン
触媒
炭素

金属
分子
有機
反応
温度
液体
水素
酸素

1 - Metingen

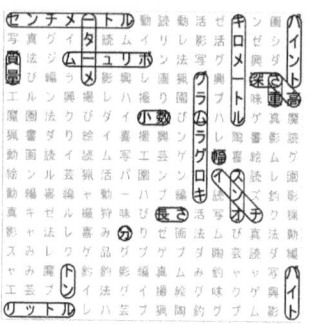

2 - Opwarming van de Aarde

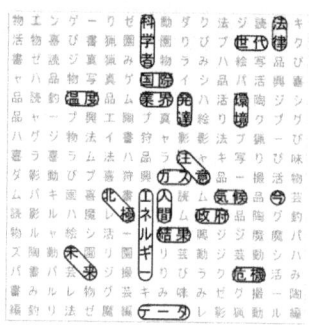

3 - Boten

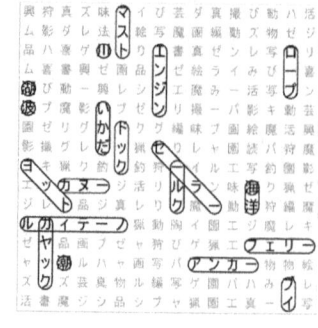

4 - Chocolade

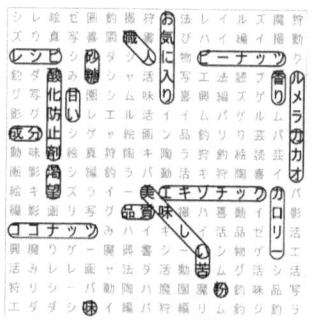

5 - Gezondheid en Welzijn #2

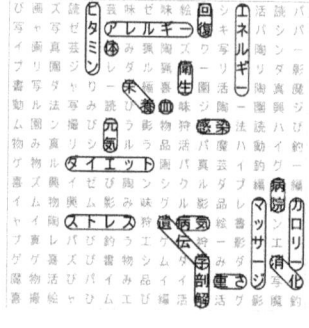

6 - Tijd

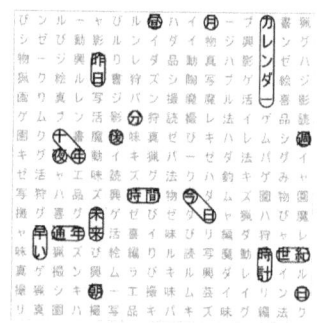

7 - Meditatie

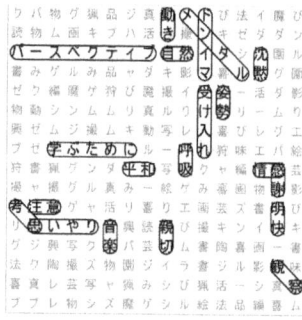

8 - Muziek

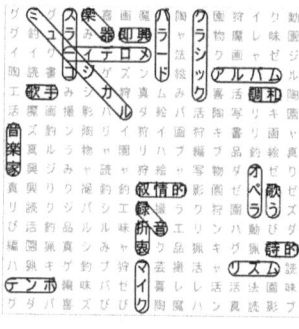

9 - Vogels

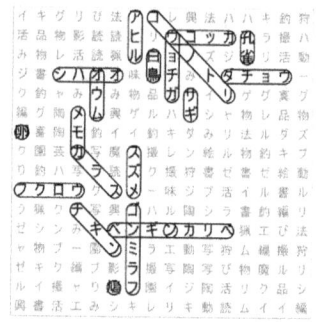

10 - Behoud

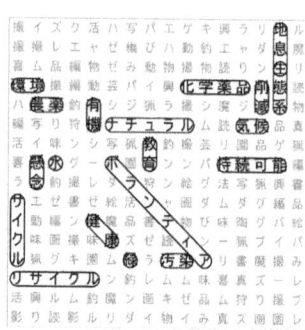

11 - Universum

12 - Wiskunde

13 - Gezondheid en Welzijn #1

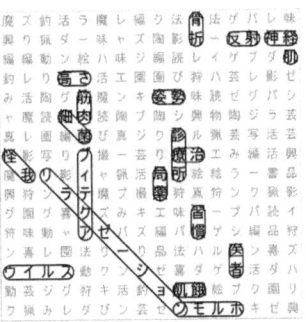

14 - Camping

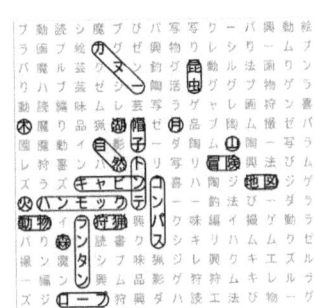

15 - Algebra

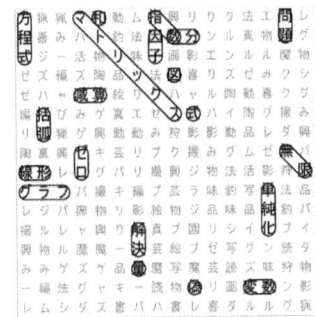

16 - Activiteiten

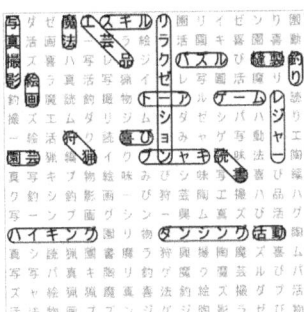

17 - Diplomatie

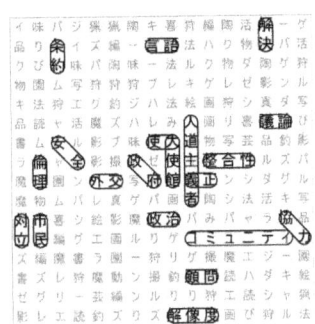

18 - Astronomie

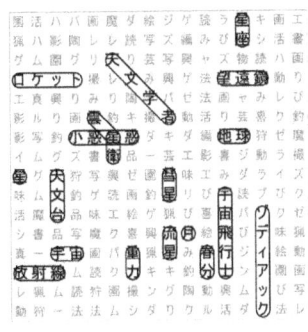

19 - Vakantie #2

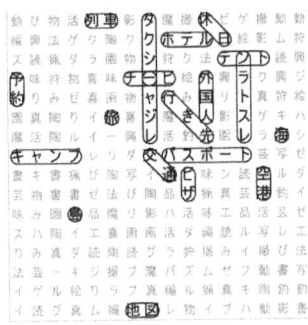

20 - Weersomstandigh

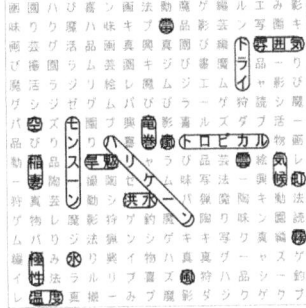

21 - Eten #2

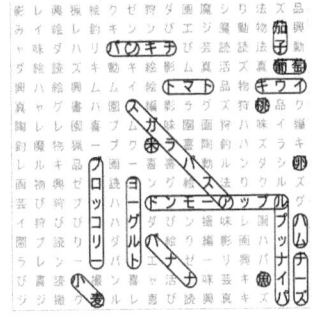

22 - Geologie

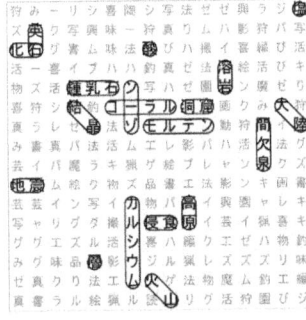

23 - Specerijen

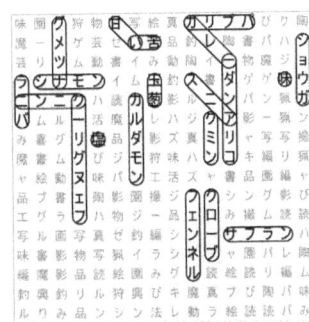

24 - Groenten

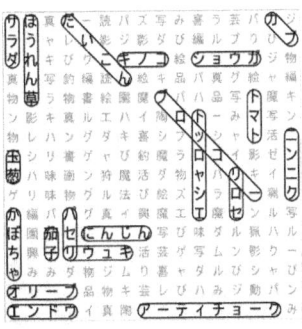

25 - Archeologie

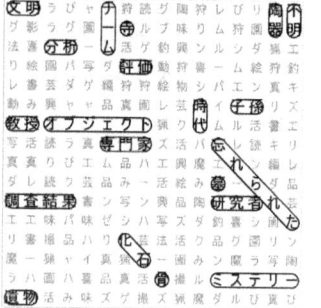

26 - Ziekte

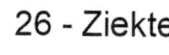

27 - Immigratie

28 - Mythologie

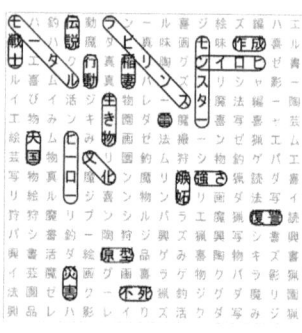

29 - Eten #1

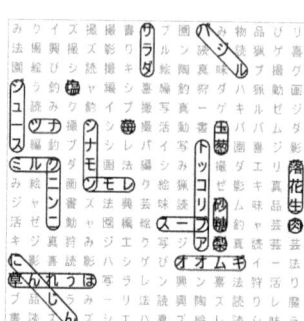

30 - Avontuur

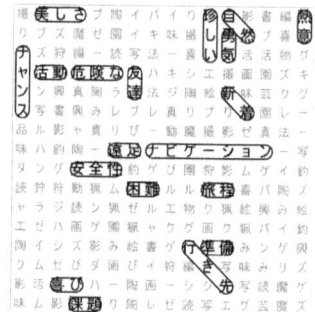

31 - Restaurant #2

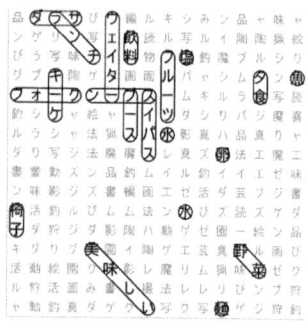

32 - De Media

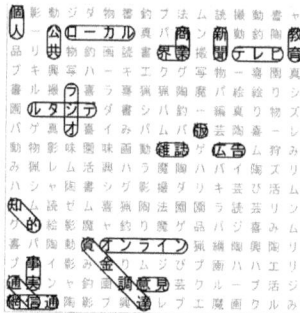

33 - Bijen

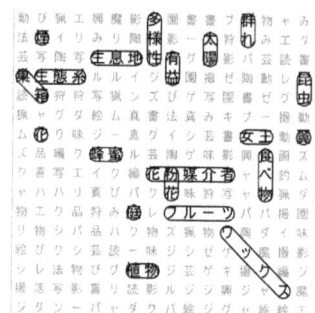

34 - Wandelen

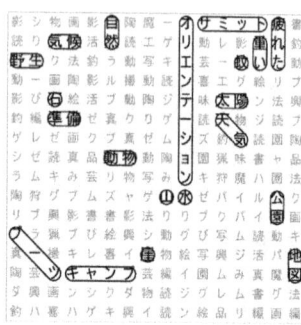

35 - Ecologie

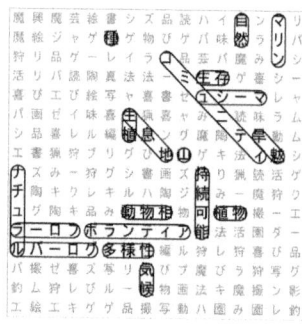

36 - Biologie

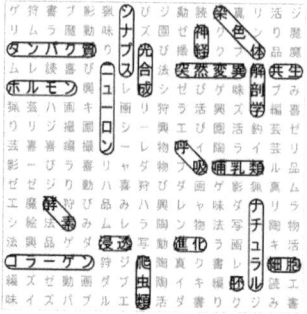

37 - Landen #1

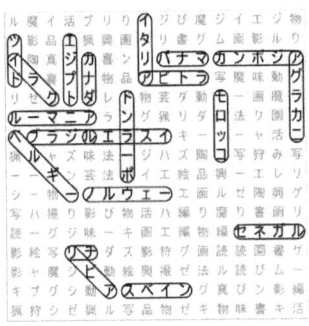

38 - Installaties

39 - Agronomie

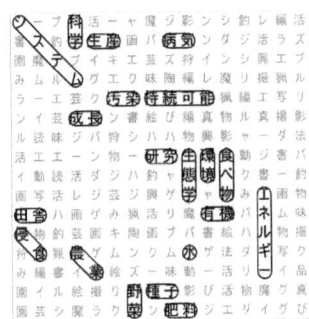

40 - Oceaan

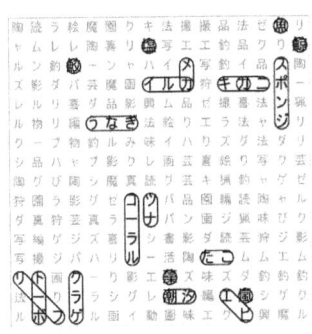

41 - Landen #2

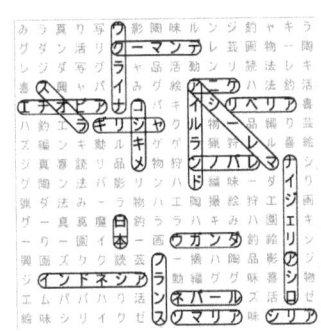

42 - Bloemen

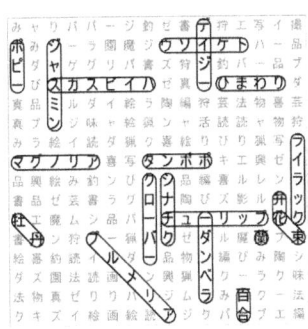

43 - Landschappen

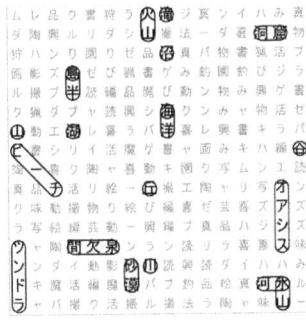

44 - Tuin

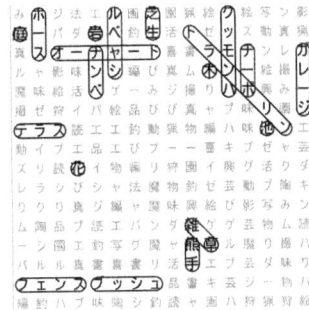

45 - Beroepen #2

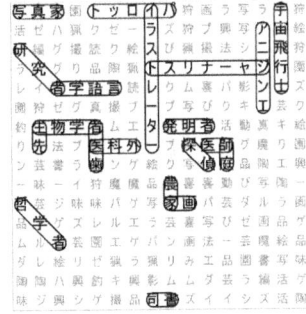

46 - Dagen en Maanden

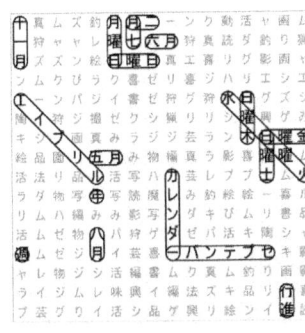

47 - Beeldende Kunsten

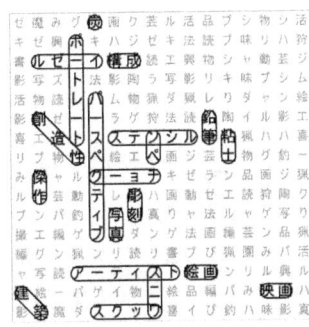

48 - Mode

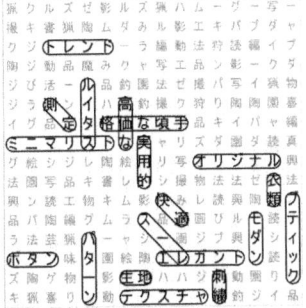

49 - Tuinieren

50 - Menselijk Lichaam

51 - Energie

52 - Familie

53 - Gebouwen

54 - Beroepen #1

55 - Antarctica

56 - Ballet

57 - Fruit

58 - Engineering

59 - Literatuur

60 - Boeken

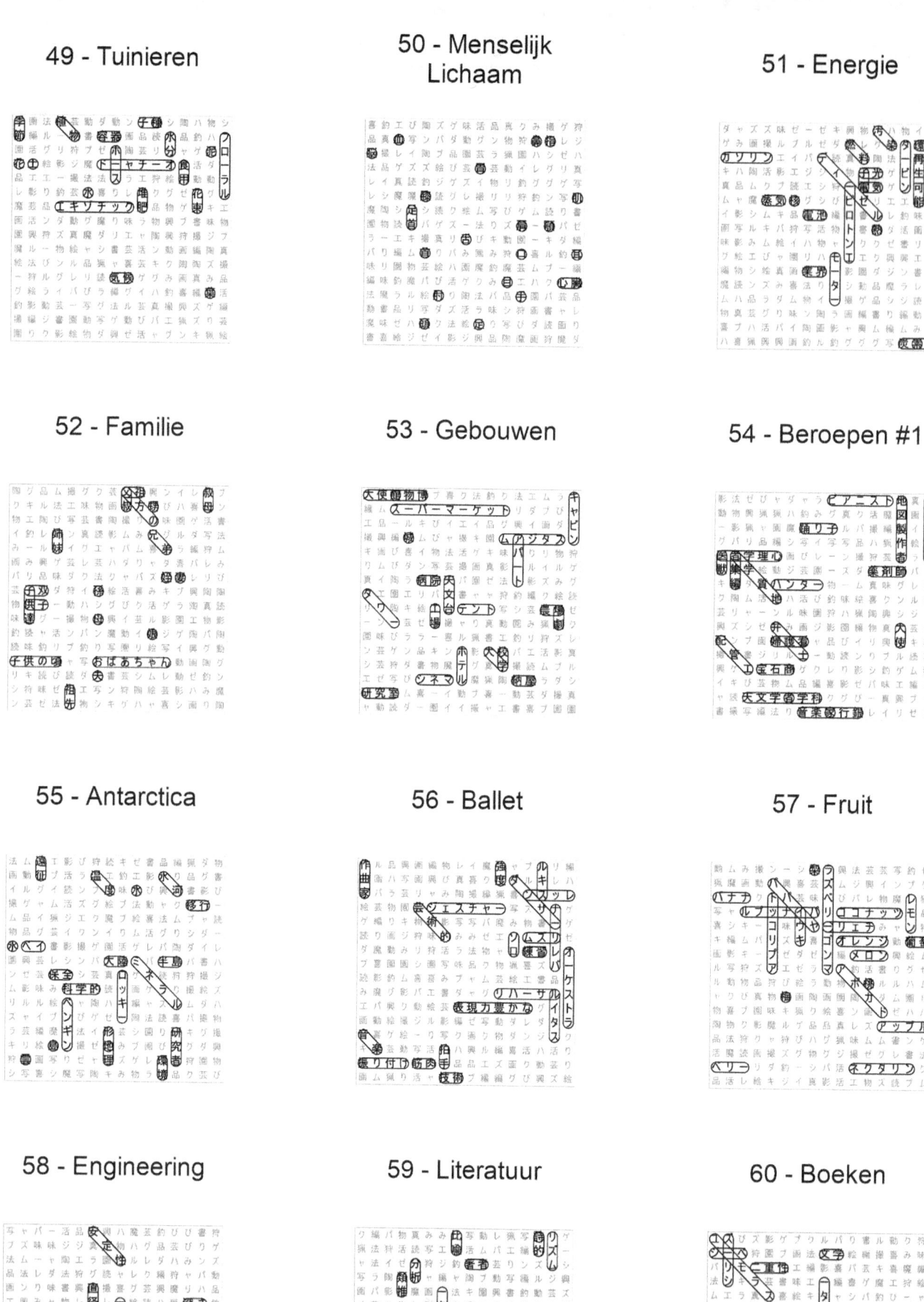

61 - Meer Informatie

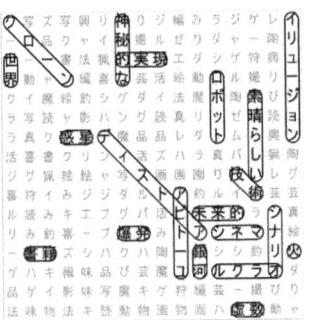

62 - Regenwoud

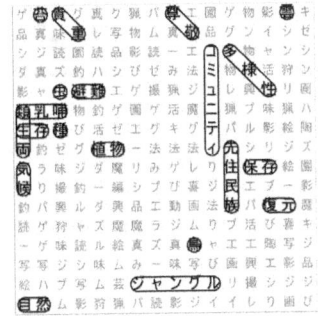

63 - Haartypes

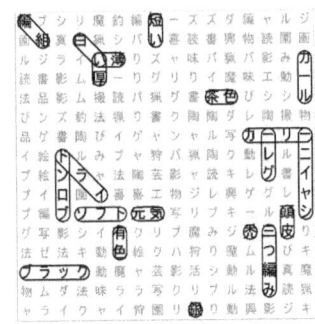

64 - Stad

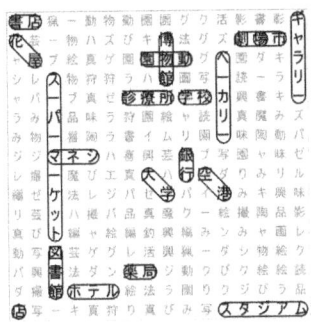

65 - Creativiteit

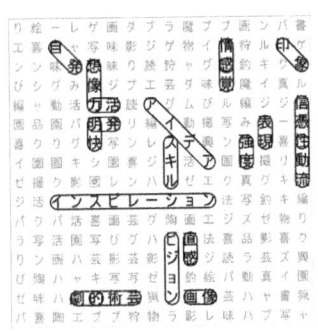

66 - Natuur

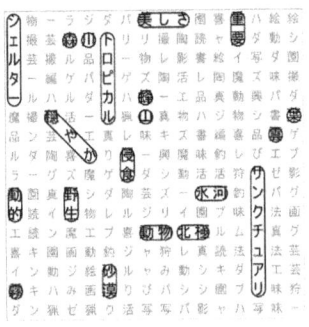

67 - Zoogdieren

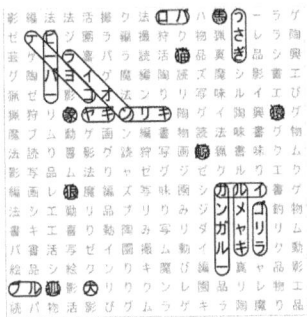

68 - Overheid

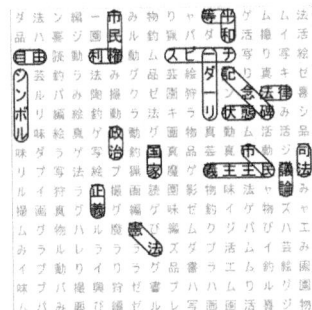

69 - Voertuigen

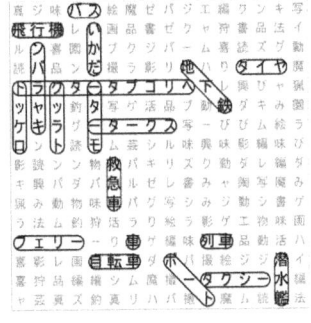

70 - Geografie

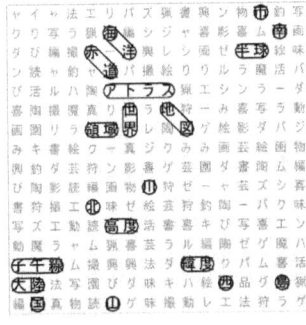

71 - Kunstbenodigdhe

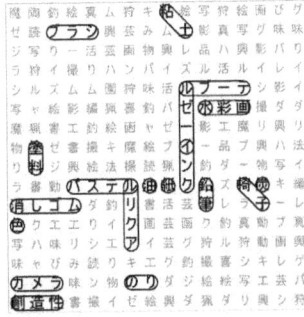

72 - Barbecues

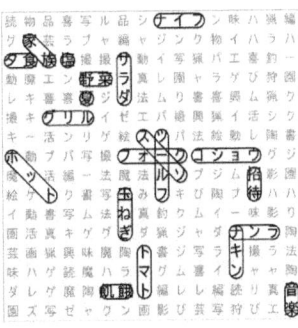

73 - Schoonheid

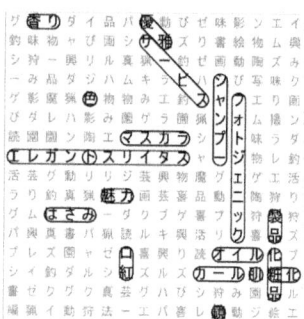

74 - Wetenschappelijk

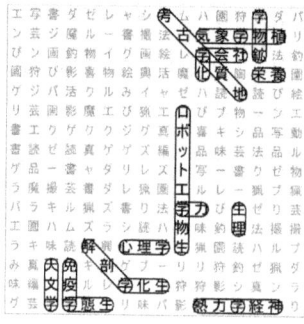

75 - Bijvoeglijke Naamwoorden

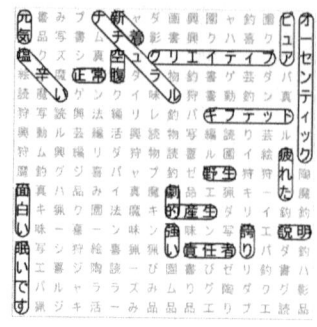

76 - Kleding

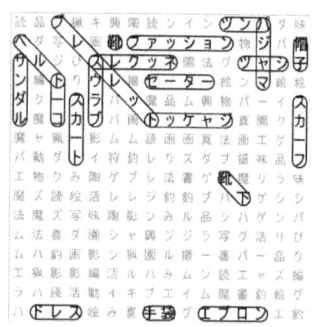

77 - Vliegtuigen

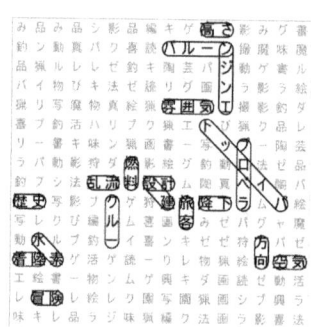

78 - Herbalisme

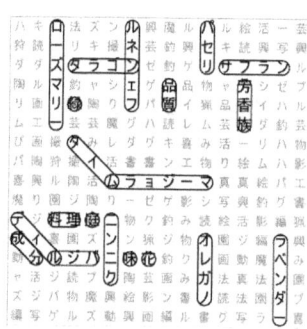

79 - Kracht en Zwaartekracht

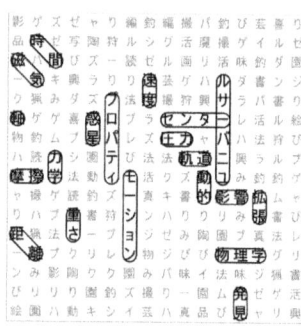

80 - Het Bedrijf

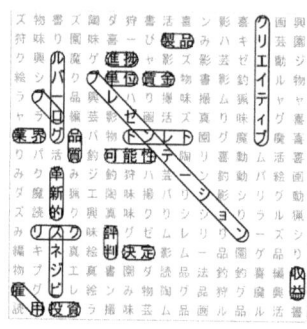

81 - Rijden

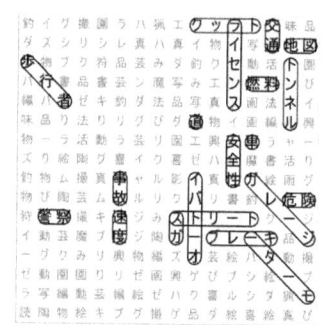

82 - Wetenschap

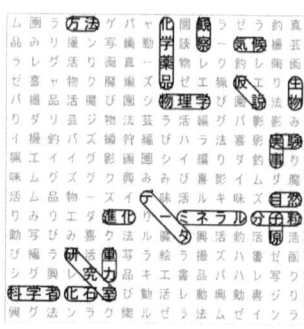

83 - Natuurkunde

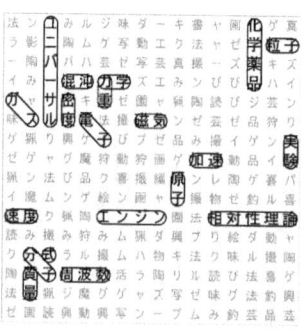

84 - Muziekinstrument

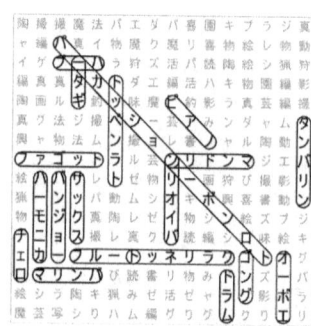

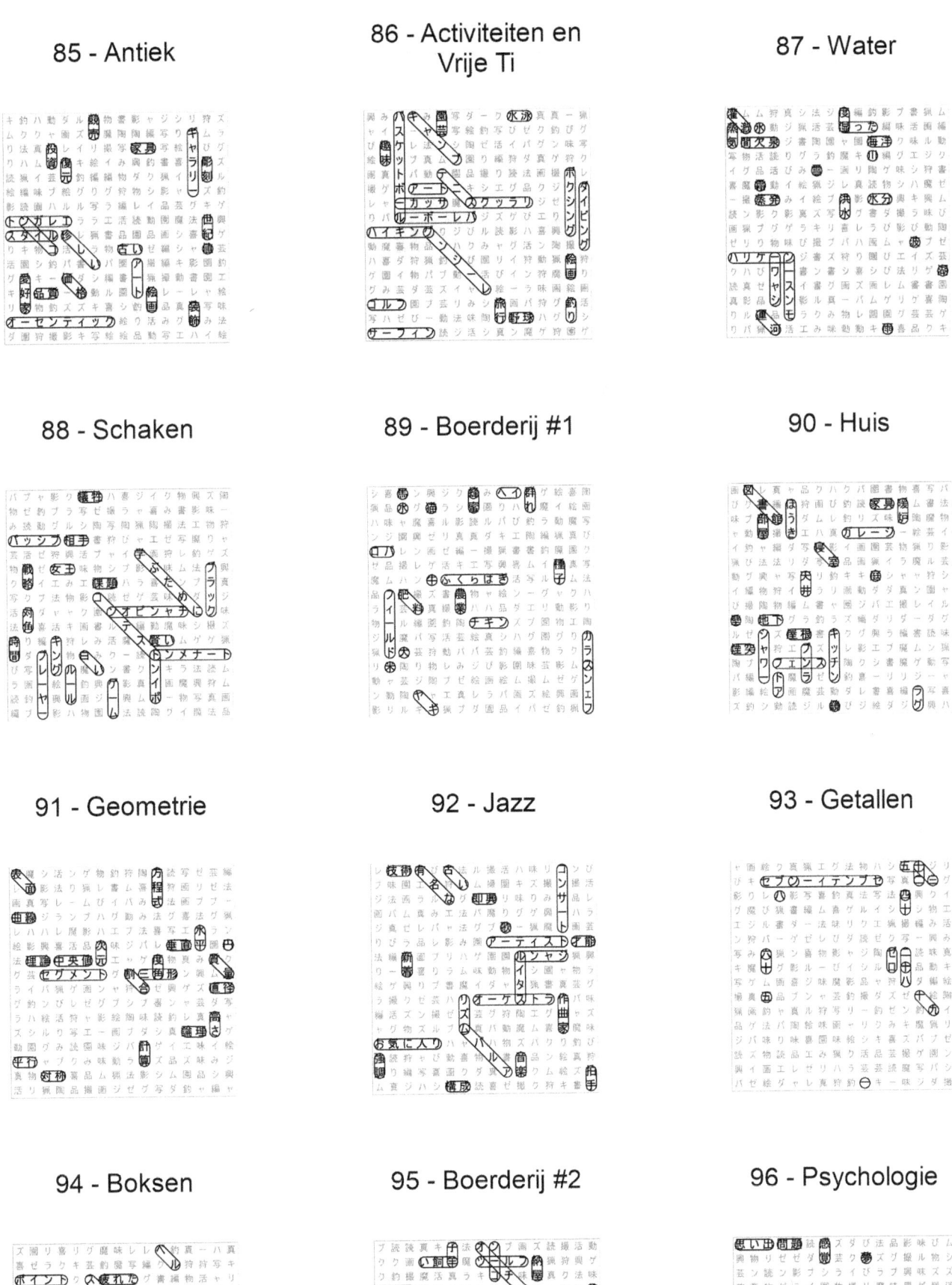

85 - Antiek

86 - Activiteiten en Vrije Ti

87 - Water

88 - Schaken

89 - Boerderij #1

90 - Huis

91 - Geometrie

92 - Jazz

93 - Getallen

94 - Boksen

95 - Boerderij #2

96 - Psychologie

97 - Zakelijk

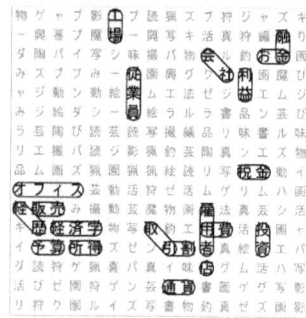

98 - Voeding

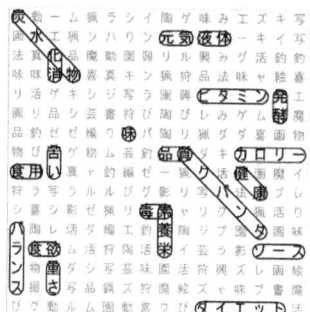

99 - Chemie

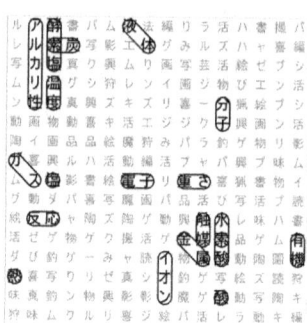

Woordenboek

Activiteiten
アクティビティ

Activiteit	活動
Ambachten	工芸品
Dansen	ダンシング
Fotografie	写真撮影
Games	ゲーム
Hengelsport	釣り
Jacht	狩猟
Kamperen	キャンプ
Kunst	アート
Lezen	読書
Magie	魔法
Naaien	縫製
Ontspanning	リラクゼーション
Plezier	喜び
Puzzels	パズル
Schilderij	絵画
Tuinieren	園芸
Vaardigheid	スキル
Vrije Tijd	レジャー
Wandelen	ハイキング

Activiteiten en Vrije Ti
アクティビティとレジャー

Basketbal	バスケットボール
Boksen	ボクシング
Duiken	ダイビング
Golf	ゴルフ
Hengelsport	釣り
Hobby	趣味
Honkbal	野球
Kamperen	キャンプ
Kunst	アート
Ontspannen	リラックス
Racen	レーシング
Reis	旅行
Schilderij	絵画
Surfen	サーフィン
Tennis	テニス
Tuinieren	園芸
Voetbal	サッカー
Volleybal	バレーボール
Wandelen	ハイキング
Zwemmen	水泳

Agronomie
農学

Duurzaam	持続可能
Ecologie	生態学
Energie	エネルギー
Erosie	侵食
Groei	成長
Groente	野菜
Landbouw	農業
Landelijk	田舎
Mest	肥料
Omgeving	環境
Onderzoek	研究
Organisch	有機
Productie	生産
Systemen	システム
Vervuiling	汚染
Voedsel	食べ物
Water	水
Wetenschap	科学
Zaden	種子
Ziekten	病気

Algebra
代数学

Aftrekken	減算
Diagram	図
Exponent	指数
Factor	因子
Formule	式
Fractie	分数
Grafiek	グラフ
Haakje	括弧
Hoeveelheid	量
Lineair	線形
Matrix	マトリックス
Nul	ゼロ
Oneindig	無限
Oplossing	解決
Probleem	問題
Som	和
Vals	偽
Variabele	変数
Vereenvoudigen	単純化
Vergelijking	方程式

Antarctica
南極大陸

Baai	ベイ
Behoud	保全
Continent	大陸
Eilanden	島
Expeditie	遠征
Geografie	地理
Gletsjers	氷河
Ijs	氷
Migratie	移行
Mineralen	ミネラル
Omgeving	環境
Onderzoeker	研究者
Pinguïn	ペンギン
Rotsachtig	ロッキー
Schiereiland	半島
Temperatuur	温度
Topografie	地形
Water	水
Wetenschappelijk	科学的
Wolken	雲

Antiek
アンティーク

Authentiek	オーセンティック
Beeldhouwwerk	彫刻
Decoratief	装飾
Eeuw	世紀
Elegant	エレガント
Galerij	ギャラリー
Investering	投資
Kunst	アート
Kwaliteit	品質
Liefhebber	愛好家
Meubilair	家具
Munten	コイン
Ongewoon	珍しい
Oud	古い
Prijs	価格
Restauratie	復元
Schilderijen	絵画
Stijl	スタイル
Veiling	競売
Waarde	値

Archeologie
考古学

Aardewerk	陶器
Analyse	分析
Beschaving	文明
Bevindingen	調査結果
Botten	骨
Deskundige	専門家
Evaluatie	評価
Fossiel	化石
Graf	墓
Mysterie	ミステリー
Nakomeling	子孫
Objecten	オブジェクト
Onbekend	不明
Onderzoeker	研究者
Professor	教授
Relikwie	遺物
Team	チーム
Tempel	寺
Tijdperk	時代
Vergeten	忘れられた

Astronomie
天文学

Aarde	地球
Asteroïde	小惑星
Astronaut	宇宙飛行士
Astronoom	天文学者
Dierenriem	ゾディアック
Equinox	春分
Komeet	彗星
Maan	月
Meteoor	流星
Nevel	星雲
Observatorium	天文台
Planeet	惑星
Raket	ロケット
Satelliet	衛星
Ster	星
Sterrenbeeld	星座
Straling	放射線
Telescoop	望遠鏡
Universum	宇宙
Zwaartekracht	重力

Avontuur
アドベンチャー

Activiteit	活動
Bestemming	行き先
Enthousiasme	熱意
Excursie	遠足
Gevaarlijk	危険な
Kans	チャンス
Moed	勇気
Moeilijkheid	困難
Natuur	自然
Navigatie	ナビゲーション
Nieuw	新着
Ongewoon	珍しい
Reisplan	旅程
Schoonheid	美しさ
Uitdagingen	課題
Veiligheid	安全性
Voorbereiding	準備
Vreugde	喜び
Vrienden	友達

Ballet
バレエ

Applaus	拍手
Artistiek	芸術的
Ballerina	バレリーナ
Choreografie	振り付け
Componist	作曲家
Dansers	ダンサー
Expressief	表現力豊かな
Gebaar	ジェスチャー
Intensiteit	強度
Lessen	レッスン
Muziek	音楽
Orkest	オーケストラ
Praktijk	練習
Repetitie	リハーサル
Ritme	リズム
Solo	ソロ
Spieren	筋肉
Stijl	スタイル
Techniek	技術
Vaardigheid	スキル

Barbecues
バーベキュー

Diner	夕食
Familie	家族
Fruit	フルーツ
Grill	グリル
Groente	野菜
Heet	ホット
Honger	飢餓
Kip	チキン
Lunch	ランチ
Messen	ナイフ
Muziek	音楽
Peper	コショウ
Salades	サラダ
Saus	ソース
Tomaten	トマト
Uien	玉ねぎ
Uitnodiging	招待
Vorken	フォーク
Zomer	夏
Zout	塩

Beeldende Kunsten
ビジュアルアーツ

Architectuur	建築
Artiest	アーティスト
Beeldhouwwerk	彫刻
Creativiteit	創造性
Ezel	イーゼル
Film	映画
Foto	写真
Houtskool	炭
Klei	粘土
Krijt	チョーク
Meesterwerk	傑作
Pen	ペン
Perspectief	パースペクティブ
Portret	ポートレート
Potlood	鉛筆
Samenstelling	構成
Schilderij	絵画
Stencil	ステンシル
Vernis	ワニス
Was	ワックス

Behoud
保全

Chemicaliën	化学薬品
Duurzaam	持続可能
Ecosysteem	生態系
Fiets	サイクル
Gezondheid	健康
Groen	緑
Habitat	生息地
Klimaat	気候
Milieu	環境
Natuurlijk	ナチュラル
Onderwijs	教育
Organisch	有機
Pesticide	農薬
Recycleren	リサイクル
Verminderen	削減
Vervuiling	汚染
Vrijwilliger	ボランティア
Water	水
Zorg	懸念

Beroepen #1
職業 #1

Advocaat	弁護士
Ambassadeur	大使
Apotheker	薬剤師
Astronoom	天文学者
Atleet	アスリート
Bankier	銀行家
Cartograaf	地図製作者
Danser	踊り子
Dierenarts	獣医
Dokter	医者
Editor	編集者
Geoloog	地質学者
Jager	ハンター
Juwelier	宝石商
Loodgieter	配管工
Muzikant	音楽家
Pianist	ピアニスト
Psycholoog	心理学者
Verpleegster	看護婦
Wetenschapper	科学者

Beroepen #2
職業 #2

Arts	医師
Astronaut	宇宙飛行士
Bibliothecaris	司書
Bioloog	生物学者
Boer	農家
Chirurg	外科医
Detective	探偵
Filosoof	哲学者
Fotograaf	写真家
Illustrator	イラストレーター
Ingenieur	エンジニア
Journalist	ジャーナリスト
Leraar	先生
Linguïst	言語学者
Onderzoeker	研究者
Piloot	パイロット
Schilder	画家
Tandarts	歯医者
Tuinman	庭師
Uitvinder	発明者

Bijen
ミツバチ

Bestuiver	花粉媒介者
Bijenkorf	巣箱
Bloesem	花
Diversiteit	多様性
Ecosysteem	生態系
Fruit	フルーツ
Habitat	生息地
Honing	蜂蜜
Insect	昆虫
Koningin	女王
Planten	植物
Rook	煙
Stuifmeel	花粉
Tuin	庭
Vleugels	翼
Voedsel	食べ物
Voordelig	有益
Was	ワックス
Zon	太陽
Zwerm	群れ

Bijvoeglijke Naamwoorden
形容詞 #1

Aantrekkelijk	魅力的
Absoluut	絶対
Actief	アクティブ
Ambitieus	野心的
Aromatisch	芳香族
Artistiek	芸術的
Belangrijk	重要
Diep	深い
Donker	暗い
Dun	薄い
Eerlijk	正直
Exotisch	エキゾチック
Gelukkig	ハッピー
Identiek	同一
Jong	若い
Langzaam	遅い
Modern	モダン
Perfect	完全
Waardevol	貴重
Zwaar	重い

Bijvoeglijke Naamwoorden
形容詞 #2

Authentiek	オーセンティック
Begaafd	ギフテッド
Beschrijvend	説明
Creatief	クリエイティブ
Dramatisch	劇的
Gezond	元気
Hongerig	空腹
Interessant	面白い
Moe	疲れた
Natuurlijk	ナチュラル
Nieuw	新着
Normaal	正常
Productief	生産的
Slaperig	眠いです
Sterk	強い
Trots	誇り
Verantwoordelijk	責任者
Wild	野生
Zout	塩辛い
Zuiver	ピュア

Biologie
生物学

Ademhaling	呼吸
Anatomie	解剖学
Cel	細胞
Chromosoom	染色体
Collageen	コラーゲン
Eiwit	タンパク質
Embryo	胚
Enzym	酵素
Evolutie	進化
Fotosynthese	光合成
Hormoon	ホルモン
Mutatie	突然変異
Natuurlijk	ナチュラル
Neuron	ニューロン
Osmose	浸透
Reptiel	爬虫類
Symbiose	共生
Synaps	シナプス
Zenuw	神経
Zoogdier	哺乳類

Bloemen
花々

Bloemblad	花弁
Boeket	花束
Gardenia	クチナシ
Hibiscus	ハイビスカス
Jasmijn	ジャスミン
Klaver	クローバー
Lavendel	ラベンダー
Lelie	百合
Lila	ライラック
Madeliefje	デイジー
Magnolia	マグノリア
Orchidee	蘭
Paardebloem	タンポポ
Papaver	ポピー
Passiebloem	トケイソウ
Pioenroos	牡丹
Plumeria	プルメリア
Tulp	チューリップ
Zonnebloem	ひまわり

Boeken
書籍

Auteur	著者
Avontuur	冒険
Bladzijde	ページ
Collectie	コレクション
Dualiteit	二重性
Episch	エピック
Geschreven	書かれた
Historisch	歴史的
Humoristisch	ユーモラス
Inventief	発明
Karakter	キャラクター
Lezer	読者
Literair	文学
Poëzie	詩
Relevant	関連する
Roman	小説
Serie	シリーズ
Tragisch	悲劇的
Verhaal	ストーリー
Verteller	ナレーター

Boerderij #1
ファーム #1

Bij	蜂
Ezel	ロバ
Geit	ヤギ
Hek	フェンス
Hond	犬
Honing	蜂蜜
Hooi	ヘイ
Kalf	ふくらはぎ
Kat	猫
Kip	チキン
Koe	牛
Kraai	カラス
Kudde	群れ
Landbouw	農業
Mest	肥料
Paard	馬
Rijst	米
Veld	フィールド
Water	水
Zaden	種子

Boerderij #2
ファーム #2

Bijenkorf	蜂の巣
Boer	農家
Boomgaard	オーチャード
Dieren	動物
Eend	アヒル
Fruit	フルーツ
Gerst	オオムギ
Groente	野菜
Herder	羊飼い
Irrigatie	灌漑
Lam	子羊
Lama	ラマ
Maïs	コーン
Melk	ミルク
Schaap	羊
Schuur	納屋
Tarwe	小麦
Tractor	トラクター
Weide	牧草地
Windmolen	風車

Boksen
ボクシング

Elleboog	肘
Focus	フォーカス
Handschoenen	手袋
Herstel	回復
Hoek	コーナー
Kin	顎
Klok	ベル
Kracht	強さ
Lichaam	体
Punten	ポイント
Scheidsrechter	審判
Schoppen	キック
Tegenstander	相手
Touwen	ロープ
Uitgeput	疲れた
Vaardigheid	スキル
Vechter	戦闘機
Verwondingen	怪我
Vuist	拳

Boten
ボート

Anker	アンカー
Bemanning	クルー
Boei	ブイ
Dok	ドック
Golven	波
Jacht	ヨット
Kajak	カヤック
Kano	カヌー
Mast	マスト
Matroos	セーラー
Meer	湖
Motor	エンジン
Nautisch	ノーティカル
Oceaan	海洋
Rivier	川
Tij	潮
Touw	ロープ
Veerboot	フェリー
Vlot	いかだ
Zee	海

Camping
キャンプ

Avontuur	冒険
Berg	山
Bomen	木
Bos	森
Brand	火
Cabine	キャビン
Dieren	動物
Hangmat	ハンモック
Hoed	帽子
Insect	昆虫
Jacht	狩猟
Kaart	地図
Kano	カヌー
Kompas	コンパス
Lantaarn	ランタン
Maan	月
Meer	湖
Natuur	自然
Tent	テント
Touw	ロープ

Chemie
化学

Alkalisch	アルカリ性
Chloor	塩素
Elektron	電子
Enzym	酵素
Gas	ガス
Gewicht	重さ
Ion	イオン
Katalysator	触媒
Koolstof	炭素
Metalen	金属
Molecuul	分子
Organisch	有機
Reactie	反応
Temperatuur	温度
Vloeistof	液体
Warmte	熱
Waterstof	水素
Zout	塩
Zuur	酸
Zuurstof	酸素

Chocolade
チョコレート

Antioxidant	酸化防止剤
Aroma	香り
Artisanaal	職人
Bitter	苦い
Cacao	カカオ
Calorieën	カロリー
Exotisch	エキゾチック
Favoriet	お気に入り
Heerlijk	美味しい
Ingrediënt	成分
Karamel	カラメル
Kokosnoot	ココナッツ
Kwaliteit	品質
Pinda'S	ピーナッツ
Poeder	粉
Recept	レシピ
Smaak	味
Suiker	砂糖
Verlangen	渇望
Zoet	甘い

Creativiteit
創造性

Artistiek	芸術的
Beeld	画像
Dramatisch	劇的
Echtheid	信憑性
Emoties	感情
Gevoel	感覚
Helderheid	明快
Ideeën	アイデア
Indruk	印象
Inspiratie	インスピレーション
Intensiteit	強度
Intuïtie	直感
Inventief	発明
Spontaan	自発
Uitdrukking	表現
Vaardigheid	スキル
Verbeelding	想像力
Visioenen	ビジョン
Vitaliteit	活力
Vloeibaarheid	流動性

Dagen en Maanden
日と月

April	エイプリル
Augustus	八月
Dinsdag	火曜日
Donderdag	木曜日
Februari	二月
Jaar	年
Juli	七月
Juni	六月
Kalender	カレンダー
Kan	五月
Maand	月
Maandag	月曜日
Maart	行進
November	十一月
September	セプテンバー
Vrijdag	金曜日
Week	週
Woensdag	水曜日
Zaterdag	土曜日
Zondag	日曜日

De Media
メディア

Advertenties	広告
Commercieel	商業
Communicatie	通信
Digitaal	デジタル
Editie	版
Feiten	事実
Financiering	資金調達
Individueel	個人
Industrie	業界
Intellectueel	知的
Kranten	新聞
Lokaal	ローカル
Mening	意見
Netwerk	通信網
Onderwijs	教育
Online	オンライン
Publiek	公共
Radio	ラジオ
Televisie	テレビ
Tijdschriften	雑誌

Diplomatie
外交

Adviseur	顧問
Ambassade	大使館
Ambassadeur	大使
Burgers	市民
Conflict	対立
Diplomatiek	外交
Discussie	議論
Ethiek	倫理
Gemeenschap	コミュニティ
Gerechtigheid	正義
Humanitair	人道主義者
Integriteit	整合性
Oplossing	解決
Politiek	政治
Regering	政府
Resolutie	解像度
Samenwerking	協力
Talen	言語
Veiligheid	安全
Verdrag	条約

Ecologie
エコロジー

Bergen	山
Diversiteit	多様性
Droogte	旱魃
Duurzaam	持続可能
Fauna	動物相
Flora	フローラ
Gemeenschappen	コミュニティ
Globaal	グローバル
Habitat	生息地
Klimaat	気候
Marinier	マリン
Moeras	マーシュ
Natuur	自然
Natuurlijk	ナチュラル
Overleving	生存
Planten	植物
Soort	種
Vegetatie	植生
Vrijwilligers	ボランティア

Energie
エネルギー

Accu	電池
Benzine	ガソリン
Brandstof	燃料
Diesel	ディーゼル
Elektrisch	電気
Elektron	電子
Entropie	エントロピー
Foton	光子
Hernieuwbaar	再生可能
Industrie	業界
Koolstof	炭素
Motor	モーター
Nucleair	核
Omgeving	環境
Stoom	蒸気
Turbine	タービン
Vervuiling	汚染
Warmte	熱
Waterstof	水素
Wind	風

Engineering
エンジニアリング

As	軸
Berekening	計算
Beweging	モーション
Bouw	建設
Diagram	図
Diameter	直径
Diepte	深さ
Diesel	ディーゼル
Energie	エネルギー
Hoek	角度
Kracht	強さ
Machine	機械
Meting	測定
Motor	モーター
Rotatie	回転
Stabiliteit	安定性
Structuur	構造
Vloeistof	液体
Voortstuwing	推進
Wrijving	摩擦

Eten #1
食べ物 #1

Aardbei	苺
Abrikoos	アプリコット
Basilicum	バジル
Citroen	レモン
Gerst	オオムギ
Kaneel	シナモン
Knoflook	ニンニク
Melk	ミルク
Peer	梨
Pinda	落花生
Salade	サラダ
Sap	ジュース
Soep	スープ
Spinazie	ほうれん草
Suiker	砂糖
Tonijn	ツナ
Ui	玉葱
Vlees	肉
Wortel	にんじん
Zout	塩

Eten #2
食べ物 #2

Amandel	アーモンド
Ananas	パイナップル
Appel	アップル
Asperge	アスパラガス
Aubergine	茄子
Banaan	バナナ
Broccoli	ブロッコリー
Brood	パン
Druif	葡萄
Ei	卵
Ham	ハム
Kaas	チーズ
Kip	チキン
Kiwi	キウイ
Perzik	桃
Rijst	米
Tarwe	小麦
Tomaat	トマト
Vis	魚
Yoghurt	ヨーグルト

Familie
ファミリー

Broer	兄弟
Dochter	娘
Grootmoeder	おばあちゃん
Jeugd	子供の頃
Kind	子供
Kinderen	子供達
Kleinzoon	孫
Man	夫
Moeder	母
Neef	甥
Nicht	姪
Oom	叔父
Opa	祖父
Tante	叔母
Tweeling	双子
Vader	父
Vaderlijk	父方の
Voorouder	祖先
Vrouw	妻
Zus	姉妹

Fruit
フルーツ

Abrikoos	アプリコット
Ananas	パイナップル
Appel	アップル
Avocado	アボカド
Banaan	バナナ
Bes	ベリー
Citroen	レモン
Druif	葡萄
Framboos	ラズベリー
Kers	チェリー
Kiwi	キウイ
Kokosnoot	ココナッツ
Mango	マンゴー
Meloen	メロン
Nectarine	ネクタリン
Oranje	オレンジ
Papaja	パパイヤ
Peer	梨
Perzik	桃
Pruim	梅

Gebouwen
建物

Ambassade	大使館
Appartement	アパート
Bioscoop	シネマ
Boerderij	農場
Cabine	キャビン
Fabriek	工場
Hotel	ホテル
Kasteel	城
Laboratorium	研究室
Museum	博物館
Observatorium	天文台
School	学校
Schuur	納屋
Stadion	スタジアム
Supermarkt	スーパーマーケット
Tent	テント
Theater	劇場
Toren	タワー
Universiteit	大学
Ziekenhuis	病院

Geografie
地理学

Atlas	アトラス
Berg	山
Breedtegraad	緯度
Continent	大陸
Eiland	島
Evenaar	赤道
Halfrond	半球
Hoogte	高度
Kaart	地図
Land	国
Meridiaan	子午線
Noorden	北
Oceaan	海洋
Regio	領域
Rivier	川
Stad	市
Wereld	世界
Westen	西
Zee	海
Zuiden	南

Geologie
地質学

Aardbeving	地震
Calcium	カルシウム
Continent	大陸
Erosie	侵食
Fossiel	化石
Geiser	間欠泉
Gesmolten	モルテン
Grot	洞窟
Koraal	コーラル
Kristallen	結晶
Kwarts	石英
Laag	層
Lava	溶岩
Plateau	高原
Stalactiet	鍾乳石
Steen	石
Vulkaan	火山
Zone	ゾーン
Zout	塩
Zuur	酸

Geometrie
ジオメトリ

Berekening	計算
Cirkel	円
Curve	曲線
Diameter	直径
Dimensie	次元
Driehoek	三角形
Hoek	角度
Hoogte	高さ
Horizontaal	水平
Logica	論理
Massa	質量
Mediaan	中央値
Oppervlak	表面
Parallel	平行
Proportie	割合
Segment	セグメント
Symmetrie	対称
Theorie	理論
Vergelijking	方程式
Verticaal	垂直

Getallen
数字

Acht	八
Achttien	十八
Dertien	十三
Drie	三
Een	一
Negen	九
Negentien	十九
Nul	ゼロ
Tien	十
Twaalf	十二
Twee	二
Twintig	二十
Veertien	十四
Vier	四
Vijf	五
Vijftien	十五
Zes	六
Zestien	十六
Zeven	セブン
Zeventien	セブンティーン

Gezondheid en Welzijn #1
ヘルス＆ウェルネス #1

Actief	アクティブ
Apotheek	薬局
Bacteriën	細菌
Breuk	骨折
Dokter	医者
Gewoonte	習慣
Honger	飢餓
Hoogte	高さ
Hormonen	ホルモン
Houding	姿勢
Huid	肌
Kliniek	診療所
Letsel	怪我
Medicijn	薬
Ontspanning	リラクゼーション
Reflex	反射
Spieren	筋肉
Therapie	治療
Virus	ウイルス
Zenuwen	神経

Gezondheid en Welzijn #2
ヘルス＆ウェルネス #2

Allergie	アレルギー
Anatomie	解剖学
Bloed	血
Calorie	カロリー
Dieet	ダイエット
Energie	エネルギー
Genetica	遺伝学
Gewicht	重さ
Gezond	元気
Herstel	回復
Hygiëne	衛生
Infectie	感染
Lichaam	体
Massage	マッサージ
Spijsvertering	消化
Stress	ストレス
Vitamine	ビタミン
Voeding	栄養
Ziekenhuis	病院
Ziekte	病気

Groenten
野菜

Artisjok	アーティチョーク
Aubergine	茄子
Broccoli	ブロッコリー
Erwt	エンドウ
Gember	ショウガ
Knoflook	ニンニク
Komkommer	キュウリ
Olijf	オリーブ
Paddestoel	キノコ
Peterselie	パセリ
Pompoen	かぼちゃ
Raap	カブ
Radijs	だいこん
Salade	サラダ
Selderij	セロリ
Sjalot	エシャロット
Spinazie	ほうれん草
Tomaat	トマト
Ui	玉葱
Wortel	にんじん

Haartypes
ヘアタイプ

Blond	ブロンド
Bruin	茶色
Dik	厚い
Droog	ドライ
Dun	薄い
Gekleurd	有色
Gevlochten	編組
Gezond	元気
Glimmend	シャイニー
Grijs	グレー
Hoofdhuid	頭皮
Kaal	禿
Kort	短い
Krullen	カール
Krullend	カーリー
Vlechten	三つ編み
Wit	白い
Zacht	ソフト
Zilver	銀
Zwart	ブラック

Herbalisme
本草学

Aromatisch	芳香族
Basilicum	バジル
Bloem	花
Culinair	料理
Dille	ディル
Dragon	タラゴン
Groen	緑
Ingrediënt	成分
Knoflook	ニンニク
Kwaliteit	品質
Lavendel	ラベンダー
Marjolein	マージョラム
Oregano	オレガノ
Peterselie	パセリ
Rozemarijn	ローズマリー
Saffraan	サフラン
Smaak	味
Tijm	タイム
Tuin	庭
Venkel	フェンネル

Het Bedrijf
ザ・カンパニー

Beslissing	決定
Creatief	クリエイティブ
Eenheden	単位
Globaal	グローバル
Industrie	業界
Inkomsten	収益
Innovatief	革新的
Investering	投資
Kwaliteit	品質
Loon	賃金
Mogelijkheid	可能性
Presentatie	プレゼンテーション
Product	製品
Professioneel	プロ
Reputatie	評判
Risico'S	リスク
Trends	トレンド
Vooruitgang	進捗
Werkgelegenheid	雇用
Zaak	ビジネス

Huis
ハウス

Bezem	ほうき
Bibliotheek	図書館
Dak	屋根
Deur	ドア
Douche	シャワー
Garage	ガレージ
Haard	暖炉
Hek	フェンス
Kamer	部屋
Kelder	地下
Keuken	キッチン
Lamp	ランプ
Meubilair	家具
Muur	壁
Plafond	天井
Schoorsteen	煙突
Slaapkamer	寝室
Spiegel	鏡
Tapijt	ラグ
Tuin	庭

Immigratie
移民

Administratie	管理
Bescherming	保護
Communicatie	通信
Documenten	文書
Financiering	資金調達
Goedkeuring	承認
Huisvesting	ハウジング
Hulp	援助
Kinderen	子供達
Officier	役員
Onderhandeling	交渉
Oplossing	解決
Proces	処理する
Situatie	状況
Stress	ストレス
Taal	言語
Termijn	締め切り
Volwassenen	大人
Wet	法律

Installaties
植物

Bamboe	竹
Bes	ベリー
Bloem	花
Boom	木
Boon	豆
Bos	森
Cactus	サボテン
Flora	フローラ
Gebladerte	葉
Gras	草
Groeien	育つ
Klimop	蔦
Kruid	ハーブ
Mest	肥料
Mos	苔
Plantkunde	植物学
Struik	ブッシュ
Tuin	庭
Vegetatie	植生
Wortel	根

Jazz
ジャズ

Album	アルバム
Applaus	拍手
Artiest	アーティスト
Beroemd	有名な
Componist	作曲家
Concert	コンサート
Favorieten	お気に入り
Genre	ジャンル
Improvisatie	即興
Lied	歌
Muziek	音楽
Nadruk	強調
Nieuw	新着
Orkest	オーケストラ
Oud	古い
Ritme	リズム
Samenstelling	構成
Stijl	スタイル
Talent	才能
Techniek	技術

Kleding
洋服

Armband	ブレスレット
Blouse	ブラウス
Broek	パンツ
Handschoenen	手袋
Hoed	帽子
Jas	コート
Jasje	ジャケット
Jurk	ドレス
Ketting	ネックレス
Mode	ファッション
Pyjama	パジャマ
Riem	ベルト
Rok	スカート
Sandalen	サンダル
Schoen	靴
Schort	エプロン
Shirt	シャツ
Sjaal	スカーフ
Sokken	靴下
Trui	セーター

Kracht en Zwaartekracht
力と重力

Afstand	距離
As	軸
Baan	軌道
Beweging	モーション
Centrum	センター
Druk	圧力
Dynamisch	動的
Eigendommen	プロパティ
Gewicht	重さ
Impact	影響
Magnetisme	磁気
Mechanica	力学
Natuurkunde	物理学
Ontdekking	発見
Planeten	惑星
Snelheid	速度
Tijd	時間
Uitbreiding	拡張
Universeel	ユニバーサル
Wrijving	摩擦

Kunstbenodigdheden
アートサプライ

Acryl	アクリル
Aquarellen	水彩画
Borstels	ブラシ
Camera	カメラ
Creativiteit	創造性
Ezel	イーゼル
Gom	消しゴム
Houtskool	炭
Inkt	インク
Klei	粘土
Kleuren	色
Lijm	のり
Olie	油
Papier	紙
Pastel	パステル
Potloden	鉛筆
Stoel	椅子
Tafel	テーブル
Verf	塗料
Water	水

Landen #1
国 #1

België	ベルギー
Brazilië	ブラジル
Cambodja	カンボジア
Canada	カナダ
Chili	チリ
Duitsland	ドイツ
Egypte	エジプト
Irak	イラク
Israël	イスラエル
Italië	イタリア
Letland	ラトビア
Libië	リビア
Marokko	モロッコ
Nicaragua	ニカラグア
Noorwegen	ノルウェー
Panama	パナマ
Polen	ポーランド
Roemenië	ルーマニア
Senegal	セネガル
Spanje	スペイン

Landen #2
国 #2

Denemarken	デンマーク
Ethiopië	エチオピア
Frankrijk	フランス
Griekenland	ギリシャ
Ierland	アイルランド
Indonesië	インドネシア
Japan	日本
Kenia	ケニア
Laos	ラオス
Libanon	レバノン
Liberia	リベリア
Maleisië	マレーシア
Mexico	メキシコ
Nepal	ネパール
Nigeria	ナイジェリア
Oeganda	ウガンダ
Oekraïne	ウクライナ
Rusland	ロシア
Somalië	ソマリア
Syrië	シリア

Landschappen
風景

Berg	山
Eiland	島
Geiser	間欠泉
Gletsjer	氷河
Grot	洞窟
Heuvel	丘
Ijsberg	氷山
Meer	湖
Moeras	沼
Oase	オアシス
Oceaan	海洋
Rivier	川
Schiereiland	半島
Strand	ビーチ
Toendra	ツンドラ
Vallei	谷
Vulkaan	火山
Waterval	滝
Woestijn	砂漠
Zee	海

Literatuur
文学

Analogie	類推
Analyse	分析
Anekdote	逸話
Auteur	著者
Biografie	伝記
Conclusie	結論
Dialoog	対話
Fictie	フィクション
Gedicht	詩
Mening	意見
Metafoor	比喩
Poëtisch	詩的
Rijm	韻
Ritme	リズム
Roman	小説
Stijl	スタイル
Thema	テーマ
Tragedie	悲劇
Vergelijking	比較
Verteller	ナレーター

Meditatie
瞑想

Aandacht	注意
Aanvaarding	受け入れ
Ademhaling	呼吸
Beweging	動き
Dankbaarheid	感謝
Emoties	感情
Gedachten	思考
Geest	マインド
Helderheid	明快
Houding	姿勢
Leren	学ぶために
Mededogen	思いやり
Mentaal	メンタル
Muziek	音楽
Natuur	自然
Observatie	観察
Perspectief	パースペクティブ
Stilte	沈黙
Vrede	平和
Vriendelijkheid	親切

Meer Informatie
サイエンス・フィクション

Bioscoop	シネマ
Boeken	書籍
Brand	火
Denkbeeldig	虚数
Dystopie	ディストピア
Explosie	爆発
Fantastisch	素晴らしい
Futuristisch	未来的
Illusie	イリュージョン
Klonen	クローン
Mysterieus	神秘的な
Orakel	オラクル
Planeet	惑星
Realistisch	現実的
Robots	ロボット
Scenario	シナリオ
Sterrenstelsel	銀河
Technologie	技術
Utopie	ユートピア
Wereld	世界

Menselijk Lichaam
人体

Been	足
Bloed	血
Elleboog	肘
Enkel	足首
Hand	手
Hart	心臓
Hersenen	脳
Hoofd	頭
Huid	肌
Kin	顎
Knie	膝
Maag	胃
Mond	口
Nek	首
Neus	鼻
Oog	目
Oor	耳
Schouder	肩
Tong	舌
Vinger	指

Metingen
測定値

Breedte	幅
Byte	バイト
Centimeter	センチメートル
Decimaal	小数
Diepte	深さ
Gewicht	重さ
Gram	グラム
Hoogte	高さ
Inch	インチ
Kilogram	キログラム
Kilometer	キロメートル
Lengte	長さ
Liter	リットル
Massa	質量
Meter	メーター
Minuut	分
Ons	オンス
Pint	パイント
Ton	トン
Volume	ボリューム

Mode
ファッション

Afmetingen	測定
Betaalbaar	手頃な価格
Borduurwerk	刺繍
Comfortabel	快適
Duur	高価な
Elegant	エレガント
Kant	レース
Kleding	衣類
Knop	ボタン
Minimalistisch	ミニマリスト
Modern	モダン
Origineel	オリジナル
Patroon	パターン
Praktisch	実用的
Stijl	スタイル
Stof	生地
Textuur	テクスチャ
Trend	トレンド
Winkel	ブティック

Muziek
音楽

Album	アルバム
Ballade	バラード
Eclectisch	折衷
Harmonie	調和
Improviseren	即興
Instrument	楽器
Klassiek	クラシック
Koor	コーラス
Lyrisch	叙情的
Melodie	メロディー
Microfoon	マイク
Muzikaal	ミュージカル
Muzikant	音楽家
Opera	オペラ
Opname	録音
Poëtisch	詩的
Ritme	リズム
Tempo	テンポ
Zanger	歌手
Zingen	歌う

Muziekinstrumenten
楽器

Banjo	バンジョー
Cello	チェロ
Fagot	ファゴット
Fluit	フルート
Gitaar	ギター
Gong	ゴング
Harp	ハープ
Hobo	オーボエ
Klarinet	クラリネット
Mandoline	マンドリン
Marimba	マリンバ
Mondharmonica	ハーモニカ
Percussie	パーカッション
Piano	ピアノ
Saxofoon	サックス
Tamboerijn	タンバリン
Trombone	トロンボーン
Trommel	ドラム
Trompet	トランペット
Viool	バイオリン

Mythologie
神話

Archetype	原型
Bliksem	稲妻
Creatie	作成
Cultuur	文化
Donder	雷
Doolhof	ラビリンス
Gedrag	行動
Held	ヒーロー
Heldin	ヒロイン
Hemel	天国
Jaloezie	嫉妬
Kracht	強さ
Krijger	戦士
Legende	伝説
Monster	モンスター
Onsterfelijkheid	不死
Ramp	災害
Sterfelijk	モータル
Wezen	生き物
Wraak	復讐

Natuur
自然

Arctisch	北極
Bergen	山
Bijen	蜂
Bos	森
Dieren	動物
Dynamisch	動的
Erosie	侵食
Gebladerte	葉
Gletsjer	氷河
Heiligdom	サンクチュアリ
Mist	霧
Rivier	川
Schoonheid	美しさ
Schuilplaats	シェルター
Sereen	穏やか
Tropisch	トロピカル
Vitaal	重要
Wild	野生
Woestijn	砂漠
Wolken	雲

Natuurkunde
物理学

Atoom	原子
Chaos	混沌
Chemisch	化学薬品
Deeltje	粒子
Dichtheid	密度
Elektron	電子
Experiment	実験
Formule	式
Frequentie	周波数
Gas	ガス
Magnetisme	磁気
Massa	質量
Mechanica	力学
Molecuul	分子
Motor	エンジン
Relativiteit	相対性理論
Snelheid	速度
Universeel	ユニバーサル
Versnelling	加速
Zwaartekracht	重力

Oceaan
海洋

Aal	うなぎ
Algen	藻
Boot	ボート
Dolfijn	イルカ
Garnaal	エビ
Getijden	潮汐
Haai	鮫
Koraal	コーラル
Krab	カニ
Kwal	クラゲ
Octopus	たこ
Oester	カキ
Rif	リーフ
Schildpad	カメ
Spons	スポンジ
Storm	嵐
Tonijn	ツナ
Vis	魚
Walvis	鯨
Zout	塩

Opwarming van de Aarde
地球温暖化

Aandacht	注意
Arctisch	北極
Crisis	危機
Energie	エネルギー
Gas	ガス
Gegevens	データ
Generaties	世代
Gevolgen	結果
Industrie	業界
Internationaal	国際
Klimaat	気候
Mensen	人間
Milieu	環境
Nu	今
Ontwikkeling	発達
Regering	政府
Temperaturen	温度
Toekomst	未来
Wetenschapper	科学者
Wetgeving	法律

Overheid
政府

Burgerschap	市民権
Civiel	市民
Democratie	民主主義
Discussie	議論
Gelijkheid	平等
Gerechtelijk	司法
Gerechtigheid	正義
Grondwet	憲法
Leider	リーダー
Monument	記念碑
Natie	国家
Politiek	政治
Rechten	権利
Rustig	平和
Staat	状態
Symbool	シンボル
Toespraak	スピーチ
Vrijheid	自由
Wet	法律

Psychologie
心理学

Beoordeling	評価
Bewusteloos	無意識
Cognitie	認知
Conflict	対立
Dromen	夢
Ego	自我
Emoties	感情
Ervaringen	経験
Gedachten	思考
Gedrag	行動
Gevoel	感覚
Herinneringen	思い出
Ideeën	アイデア
Invloed	影響
Jeugd	子供の頃
Klinisch	臨床
Perceptie	知覚
Probleem	問題
Realiteit	現実
Therapie	治療

Regenwoud
レインフォレスト

Amfibieën	両生類
Behoud	保存
Botanisch	植物
Diversiteit	多様性
Gemeenschap	コミュニティ
Inheems	先住民族
Insecten	虫
Jungle	ジャングル
Klimaat	気候
Mos	苔
Natuur	自然
Overleving	生存
Respect	尊敬
Restauratie	復元
Soort	種
Toevlucht	避難
Vogels	鳥
Waardevol	貴重
Wolken	雲
Zoogdieren	哺乳類

Restaurant #2
レストラン #2

Cake	ケーキ
Diner	夕食
Drank	飲料
Eieren	卵
Fruit	フルーツ
Groente	野菜
Heerlijk	美味しい
Ijs	氷
Lepel	スプーン
Lunch	ランチ
Noedels	麺
Ober	ウェイター
Salade	サラダ
Soep	スープ
Specerijen	スパイス
Stoel	椅子
Vis	魚
Vork	フォーク
Water	水
Zout	塩

Rijden
運転

Auto	車
Brandstof	燃料
Garage	ガレージ
Gas	ガス
Gevaar	危険
Kaart	地図
Licentie	ライセンス
Motor	モーター
Motorfiets	オートバイ
Ongeluk	事故
Politie	警察
Remmen	ブレーキ
Snelheid	速度
Straat	ストリート
Tunnel	トンネル
Veiligheid	安全性
Verkeer	交通
Voetganger	歩行者
Vrachtauto	トラック
Weg	道

Schaken
チェス

Diagonaal	対角
Kampioen	チャンピオン
Koning	キング
Koningin	女王
Leren	学ぶために
Offer	犠牲
Passief	パッシブ
Punten	ポイント
Reglement	ルール
Slim	賢い
Spel	ゲーム
Speler	プレーヤー
Strategie	戦略
Tegenstander	相手
Tijd	時間
Toernooi	トーナメント
Uitdagingen	課題
Wedstrijd	コンテスト
Wit	白い
Zwart	ブラック

Schoonheid
ビューティー

Charme	魅力
Cosmetica	化粧品
Diensten	サービス
Elegant	エレガント
Elegantie	優雅
Fotogeniek	フォトジェニック
Geur	香り
Huid	肌
Kleur	色
Krullen	カール
Lippenstift	口紅
Mascara	マスカラ
Oliën	オイル
Producten	製品
Schaar	はさみ
Shampoo	シャンプー
Spiegel	鏡
Stilist	スタイリスト
Verzinnen	化粧

Specerijen
スパイス

Anijs	アニス
Bitter	苦い
Fenegriek	フェヌグリーク
Gember	ショウガ
Kaneel	シナモン
Kardemom	カルダモン
Kerrie	カレー
Knoflook	ニンニク
Komijn	クミン
Koriander	コリアンダー
Kruidnagel	クローブ
Nootmuskaat	ナツメグ
Paprika	パプリカ
Saffraan	サフラン
Smaak	味
Ui	玉葱
Vanille	バニラ
Venkel	フェンネル
Zoet	甘い
Zout	塩

Stad
町

Apotheek	薬局
Bakkerij	ベーカリー
Bank	銀行
Bibliotheek	図書館
Bioscoop	シネマ
Bloemist	花屋
Boekhandel	書店
Dierentuin	動物園
Galerij	ギャラリー
Hotel	ホテル
Kliniek	診療所
Luchthaven	空港
Markt	市場
Museum	博物館
School	学校
Stadion	スタジアム
Supermarkt	スーパーマーケット
Theater	劇場
Universiteit	大学
Winkel	店

Tijd
時間

Dag	日
Decennium	十年
Eeuw	世紀
Gisteren	昨日
Jaar	年
Jaarlijks	通年
Kalender	カレンダー
Klok	時計
Maand	月
Middag	昼
Minuut	分
Na	後
Nacht	夜
Nu	今
Ochtend	朝
Toekomst	未来
Uur	時間
Vandaag	今日
Vroeg	早い
Week	週

Tuin
ガーデン

Bank	ベンチ
Bloem	花
Boom	木
Boomgaard	オーチャード
Garage	ガレージ
Gazon	芝生
Gras	草
Hangmat	ハンモック
Hark	熊手
Hek	フェンス
Onkruid	雑草
Rotsen	岩
Schop	シャベル
Slang	ホース
Struik	ブッシュ
Terras	テラス
Trampoline	トランポリン
Tuin	庭
Veranda	ポーチ
Vijver	池

Tuinieren
ガーデニング

Bloemen	フローラル
Bloesem	花
Bodem	土
Boeket	花束
Boomgaard	オーチャード
Botanisch	植物
Compost	堆肥
Container	容器
Eetbaar	食用
Exotisch	エキゾチック
Gebladerte	葉
Klimaat	気候
Seizoensgebonden	季節
Slang	ホース
Soort	種
Vocht	水分
Vuil	泥
Water	水
Zaden	種子

Universum
宇宙

Asteroïde	小惑星
Astronomie	天文学
Astronoom	天文学者
Atmosfeer	雰囲気
Baan	軌道
Breedtegraad	緯度
Dierenriem	ゾディアック
Duisternis	闇
Evenaar	赤道
Halfrond	半球
Hemel	空
Horizon	地平線
Kosmisch	コズミック
Lengtegraad	経度
Maan	月
Sterrenstelsel	銀河
Telescoop	望遠鏡
Zichtbaar	目に見える
Zonne	太陽
Zonnewende	至点

Vakantie #2
バケーション #2

Bestemming	行き先
Buitenlander	外国人
Eiland	島
Hotel	ホテル
Kaart	地図
Kamperen	キャンプ
Luchthaven	空港
Paspoort	パスポート
Reis	旅
Reserveringen	予約
Restaurant	レストラン
Strand	ビーチ
Taxi	タクシー
Tent	テント
Trein	列車
Vakantie	休日
Vervoer	交通
Visum	ビザ
Vrije Tijd	レジャー
Zee	海

Vliegtuigen
飛行機

Afdaling	降下
Atmosfeer	雰囲気
Avontuur	冒険
Ballon	バルーン
Bemanning	クルー
Bouw	建設
Brandstof	燃料
Geschiedenis	歴史
Hemel	空
Hoogte	高さ
Landen	着陸
Lucht	空気
Motor	エンジン
Ontwerp	設計
Passagier	旅客
Piloot	パイロット
Propellers	プロペラ
Richting	方向
Turbulentie	乱流
Waterstof	水素

Voeding
栄養

Bitter	苦い
Calorieën	カロリー
Dieet	ダイエット
Eetbaar	食用
Eetlust	食欲
Eiwitten	タンパク質
Evenwichtig	バランス
Fermentatie	発酵
Gewicht	重さ
Gezond	元気
Gezondheid	健康
Koolhydraten	炭水化物
Kwaliteit	品質
Saus	ソース
Smaak	味
Spijsvertering	消化
Toxine	毒素
Vitamine	ビタミン
Vloeistoffen	液体
Voedingsstof	栄養素

Voertuigen
車両

Ambulance	救急車
Auto	車
Banden	タイヤ
Boot	ボート
Bus	バス
Caravan	キャラバン
Fiets	自転車
Helikopter	ヘリコプター
Metro	地下鉄
Motor	モーター
Onderzeeër	潜水艦
Raket	ロケット
Scooter	スクーター
Taxi	タクシー
Tractor	トラクター
Trein	列車
Veerboot	フェリー
Vliegtuig	飛行機
Vlot	いかだ
Vrachtauto	トラック

Vogels
鳥類

Duif	鳩
Eend	アヒル
Ei	卵
Flamingo	フラミンゴ
Gans	ガチョウ
Kip	チキン
Koekoek	カッコウ
Kraai	カラス
Meeuw	カモメ
Mus	スズメ
Ooievaar	コウノトリ
Papegaai	オウム
Pauw	孔雀
Pelikaan	ペリカン
Pinguïn	ペンギン
Reiger	サギ
Struisvogel	ダチョウ
Toekan	オオハシ
Uil	フクロウ
Zwaan	白鳥

Wandelen
ハイキング

Berg	山
Dieren	動物
Kaart	地図
Kamperen	キャンプ
Klif	崖
Klimaat	気候
Laarzen	ブーツ
Moe	疲れた
Muggen	蚊
Natuur	自然
Oriëntatie	オリエンテーション
Parken	公園
Stenen	石
Top	サミット
Voorbereiding	準備
Water	水
Weer	天気
Wild	野生
Zon	太陽
Zwaar	重い

Water
水

Douche	シャワー
Geiser	間欠泉
Golven	波
Ijs	氷
Irrigatie	灌漑
Kanaal	運河
Meer	湖
Moesson	モンスーン
Oceaan	海洋
Orkaan	ハリケーン
Overstroming	洪水
Regen	雨
Rivier	川
Sneeuw	雪
Stoom	蒸気
Verdamping	蒸発
Vocht	水分
Vochtig	湿った
Vochtigheid	湿度
Vorst	霜

Weersomstandigheden
天気

Atmosfeer	雰囲気
Bliksem	稲妻
Donder	雷
Droog	ドライ
Droogte	旱魃
Hemel	空
Ijs	氷
Klimaat	気候
Mist	霧
Moesson	モンスーン
Orkaan	ハリケーン
Overstroming	洪水
Polair	極性
Regenboog	虹
Storm	嵐
Temperatuur	温度
Tornado	竜巻
Tropisch	トロピカル
Wind	風
Wolk	雲

Wetenschap
理科

Atoom	原子
Chemisch	化学薬品
Deeltjes	粒子
Evolutie	進化
Experiment	実験
Feit	事実
Fossiel	化石
Gegevens	データ
Hypothese	仮説
Klimaat	気候
Laboratorium	研究室
Methode	方法
Mineralen	ミネラル
Moleculen	分子
Natuur	自然
Natuurkunde	物理学
Observatie	観察
Organisme	生物
Wetenschapper	科学者
Zwaartekracht	重力

Wetenschappelijke Discip
科学分野

Anatomie	解剖学
Archeologie	考古学
Astronomie	天文学
Biochemie	生化学
Biologie	生物学
Chemie	化学
Ecologie	生態学
Fysiologie	生理
Geologie	地質学
Immunologie	免疫学
Mechanica	力学
Meteorologie	気象学
Mineralogie	鉱物学
Neurologie	神経学
Plantkunde	植物学
Psychologie	心理学
Robotica	ロボット工学
Sociologie	社会学
Thermodynamica	熱力学
Voeding	栄養

Wiskunde
数学

Decimaal	小数
Diameter	直径
Driehoek	三角形
Exponent	指数
Fractie	分数
Geometrie	幾何学
Graden	度
Hoeken	角度
Loodrecht	垂直
Omtrek	円周
Parallel	平行
Parallellogram	平行四辺形
Rechthoek	矩形
Rekenkundig	算術
Som	和
Straal	半径
Symmetrie	対称
Veelhoek	多角形
Vergelijking	方程式
Volume	ボリューム

Zakelijk
ビジネス

Bedrijf	会社
Begroting	予算
Belastingen	税金
Carrière	経歴
Economie	経済学
Fabriek	工場
Financiën	金融
Geld	お金
Inkomen	所得
Investering	投資
Kantoor	オフィス
Korting	割引
Kosten	費用
Transactie	取引
Valuta	通貨
Verkoop	販売
Werkgever	雇用者
Werknemer	従業員
Winkel	店
Winst	利益

Ziekte
病気

Acuut	急性
Ademhaling	呼吸器
Allergieën	アレルギー
Bacterieel	細菌
Besmettelijk	伝染性
Botten	骨
Buik	腹部
Chronisch	慢性
Erfelijk	遺伝性
Genetisch	遺伝
Gezondheid	健康
Hart	心臓
Immuniteit	免疫
Lichaam	体
Neuropathie	神経障害
Ontsteking	炎症
Sinus	洞
Syndroom	症候群
Therapie	治療
Zwak	弱い

Zoogdieren
哺乳類

Aap	猿
Bever	ビーバー
Coyote	コヨーテ
Dolfijn	イルカ
Ezel	ロバ
Geit	ヤギ
Giraf	キリン
Gorilla	ゴリラ
Hond	犬
Kameel	キャメル
Kangoeroe	カンガルー
Kat	猫
Konijn	うさぎ
Leeuw	ライオン
Olifant	象
Paard	馬
Stier	ブル
Vos	狐
Walvis	鯨
Wolf	狼

Gefeliciteerd

Je hebt het gehaald!

We hopen dat u net zoveel plezier beleeft aan dit boek als wij aan het maken ervan. We doen ons best om spellen van hoge kwaliteit te maken.
Deze puzzels zijn op een slimme manier ontworpen zodat je actief kunt leren terwijl je plezier hebt!

Vond je ze mooi?

Een Eenvoudig Verzoek

Onze boeken bestaan dankzij de recensies die zij publiceren.
Kunt u ons helpen door nu een mening achter te laten ?

Hier is een korte link die u naar uw
bestellingen beoordelingspagina.

BestBooksActivity.com/Recensie50

FINAAL UITDAGING!

Uitdaging nr. 1

Klaar voor uw bonusspel? We gebruiken ze de hele tijd, maar ze zijn niet zo gemakkelijk te vinden. Hier zijn **Synoniemen!**

Noteer 5 woorden die je ontdekt hebt in elk van de onderstaande puzzels (nr. 21, nr. 36, nr. 76) en probeer voor elk woord 2 synoniemen te vinden.

Notitie 5 Woorden uit *Puzzle 21*

Woorden	Synoniem 1	Synoniem 2

Notitie 5 Woorden uit *Puzzle 36*

Woorden	Synoniem 1	Synoniem 2

Notitie 5 Woorden uit *Puzzle 76*

Woorden	Synoniem 1	Synoniem 2

Uitdaging nr. 2

Nu je opgewarmd bent, noteer 5 woorden die je ontdekt hebt in elke hieronder genoteerde puzzel (nr. 9, nr. 17, nr. 25) en probeer voor elk woord 2 antoniemen te vinden. Hoeveel regels kan je doen in 20 minuten?

Notitie 5 Woorden uit **Puzzle 9**

Woorden	Antoniem 1	Antoniem 2

Notitie 5 Woorden uit **Puzzle 17**

Woorden	Antoniem 1	Antoniem 2

Notitie 5 Woorden uit **Puzzle 25**

Woorden	Antoniem 1	Antoniem 2

Uitdaging nr. 3

Prachtig, deze finaal uitdaging is makkelijk voor jou!

Klaar voor de laatste? Kies je 10 favoriete woorden die je in een van de puzzels hebt ontdekt en noteer ze hieronder.

1.	6.
2.	7.
3.	8.
4.	9.
5.	10.

De uitdaging is nu om met deze woorden en binnen een maximum van zes zinnen een tekst te schrijven over een persoon, dier of plaats waar je van houdt!

Tip: U kunt de laatste blanco pagina van dit boek als kladblaadje gebruiken!

Je schrijven:

NOTITIEBOEKJE:

TOT SNEL!

Linguas Classics

GENIET VAN GRATIS SPELLEN

GO

↓

BESTACTIVITYBOOKS.COM/FREEGAMES